ISBN 978-0-282-15522-3
PIBN 10590045

This book is a reproduction of an important historical work. Forgotten Books uses
state-of-the-art technology to digitally reconstruct the work, preserving the original format
whilst repairing imperfections present in the aged copy. In rare cases, an imperfection in
the original, such as a blemish or missing page, may be replicated in our edition. We do,
however, repair the vast majority of imperfections successfully; any imperfections that
remain are intentionally left to preserve the state of such historical works.

1 MONTH OF
FREE
READING

at

www.ForgottenBooks.com

By purchasing this book you are
eligible for one month membership to
ForgottenBooks.com, giving you
unlimited access to our entire
collection of over 700,000 titles via
our web site and mobile apps.

To claim your free month visit:

www.forgottenbooks.com/free590045

ÉRITÉ.

VERTU ET VÉRITÉ.

E CRI DE JEAN-JACQUES

ET LE MIEN.

A PEKIN.

M. DCC. LXXXVI.

TABLE
DES
ARTICLES
Contenus dans cet Ouvrage.

FIN de la Table des Articles.

ÉPITRE
DÉDICATOIRE
A MON FRERE
JEAN-JACQUES ROUSSEAU,
CI-DEVANT
CITOYEN DE GENEVE.
FRERE.

JE suis un petit *Polichinel* de la Litttérature *Françaife*, & toi le plus grand Ecrivain de ton fiecle · je fuis un pauvre Auteur en tout fèns, mais je ne vole perfonne ; tu es riche en tous fens, & tu dérobes les vivans & les morts. Frere *Jacques*, cela n'eft pas honnête, tu veux corriger ton prochain ; tu es un

infenfé, fi tu ne te corriges toi-
même.

Après avoir lu ton *Contract-
Social* , je m'écriai : Voici le
triomphe de la maifon d'*Adam* !
Oui , depuis la fondation du premier homme , ce Contract eft inconteftablement le plus beau ,
qui ait paru fur la terre : c'eft
mon Frere *Jacques* qui a compofé
cet immortel Ouvrage : je ne
connais point de garçon dans les
treize Cantons Suiffes , qui faffe
mieux un Contract ; il ferait la
barbe à tous les Notaires de
Viré & du *Pays Manceau.*

Je chantais ta gloire dans toutes les rues d'*Amfterdam* ; j'acca-
blais d'injures & d'impertinences
ceux qui étaient affez bêtes pour
flétrir, brûler ou méprifer tes écrits.
J'allai un Dimanche à la Paroiffe
des *Quakers* , où le *St. Efprit* me
conduit quelquefois ; à la fortie
de cette affemblée , je rencontrai

un *Quaker* de mes amis, qui venait de faire un long difcours fur la Charité, plus beau, plus onctueux, plus preffant que tous ceux que j'avais entendus dans l'*Eglife Romaine.*

Pierre, c'était le nom de ce bon *Quaker*, m'aborda le chapeau fur la tête : Frere, me dit-il, es-tu toujours le panégyrifte de notre frere *Jacques* ? Pourquoi non ? depuis *Demofthenes* trouverais-tu un homme, qui ait tant fait d'honneur à la raifon par des paradoxes ? Suis-moi, me dit *Pierre* ; & fans me queftionner davantage, il me conduifit dans fa Bibliotheque, où nous montâmes par un grand efcalier de marbre noir, couvert, felon l'ufage *Hollandois*, d'une fine toile de *Frife* *).

Je fus furpris de l'arrangement

de cette superbe Bibliotheque & du rare choix des livres. Aucun insecte n'y rongeait les respectables morts qui habitaient ce séjour. L'Abbé *Trublet*, *Palissot*, & *Fréron*, qui tombent par lambeaux sur nos quais, n'avaient pas la moindre égratignure de cette vermine, qui par-tout ailleurs s'attache à leurs productions. Ils devaient cette faveur à la poudre contre les vers que *Pierre* avoit répandus sur leurs écrits.

Nous nous promenâmes quelque temps dans ce lieu si agréable pour les personnes qui cultivent les Lettres & les Sciences; nous nous plaçâmes à côté

marches de leurs escaliers, & les planches de leurs appartements, qu'ils ont la coutume de couvrir d'une toile, d'un tapis de *Turquie*, le tout surmonté d'une natte : par cette heureuse invention, ils conservent la propreté de leurs planchers & de leurs escaliers.

d'une Mappe-Monde, où *Pierré* rompit le filence, & me dit : Vois-tu, Frere, cette ingenieuſe machine ? tu fais qu'elle contient en petit, l'immenſité du monde prends un compas, méfure la hauteur & la largeur de ton incapable figure; approche ta courte étendue de la plus petite Province de ce globe; compte les degrés, tu verras que tu n'es qu'un point infiniment petit dahs ce grand tout.

Après cette effrayante expérience, le *Quaker* me dit, fuccomberas-tu encore à l'orgueil de barbouiller du papier ? Le mauvais fuccès de tes ouvrages ne t'a-t-il pas encore corrigé, eft-ce à caufe que tu n'as pas aſſez de tête pour faire un bon livre que tu continues à en faire de mauvais? Tiens, regarde toutes ces parties iſolées du monde; vois-tu ces *La ons* ui vivent long-temps, & ne font point de livres ? Ces *Pongos*, qui ignorent encore s'ils penfent ou s'ils exiftent ? Ces Peuples innombrables ne connaîtront jamais ton nom, ni celui de *Jean-Jacques*, quoiqu'il faffe beaucoup de bruit à l'*Opéra*, à *Géneve*, à *Montmorenci*, & dans les *Montagnes de la Suiffe*.

Le *Contract-Social*, dont tu parais toujours enchanté, n'eft point de ton Genevois : *Jacques*, avec fa façon tranchante de raifonner, n'a pas ce que tu appelles en *France* un génie créateur ; va à la troifieme planche, prends le livre, *numero* H., ouvre-le, tu verras que ton Frere *Jacques* a été le plus effronté voleur du *Vallais*.

Ne fachant trop ce que *Pierre* voulait me dire, j'exécutai machinalement fes ordres ; j'allai prendre le livre u'il m'indi uait : ie

l'ouvris, ô Ciel ! quel étonnement de voir, ô frere *Jacques* !
que tu avais pris ton fiftême, tes
penfées, tes arguments d'*Ulric
Hubert* ! (**)

J'ai pâli de rage en voyant
ton crime ; les larmes de défefpoir coulerent comme deux fontai-
nes de mes yeux. O douleur ! mon
Frere *Jacques*, quel vernis honteux
as tu jetté fur notre maifon ! je te
croyais le plus joli garçon de la famille d'*Adam*, & tu n'es qu'un miférable brigand, (***) enrichi des

---

(**) Mr. *Rouffeau* a pris fon *Contract Social*,
mot pour mot, d'*Ulrici Huberti de Jure Civi-
tatis*, *Lib.* III. Imprimé à Franequer en
Frife en 1684, & réimprimé à *Francfort*
en 1718. Ce livre eft dans toutes les grandes
Bibliotheques ; on peut vérifier cette ac-
cufation.

(**) Les Partifans du Philofophe *Genevois* diront peut-être : Peu importe que M. *Rouffeau*
ait volé *Hubert le Frifon* ; c'eft *Prométhée*,
qui dérobe pour nous le feu facré. Mauvaife comparaifon. *Jacques* ne doit point

dépouilles dérobées au pauvre *Hubert.* O mon Frere ! tu es dans la littérature, ce que *Le Kain* est sur le théatre ; on peut te comparer à cet acteur adoré des étourneaux de *Paris* ; ainsi que lui tu as jetté du sable dans les yeux du Public. On peut bien être aveuglé pendant quelques instants ; mais insensiblement le mouvement de l'œil écarte le sable : on apperçoit peu-à-peu la lumiere, qu'on supporte d'abord avec peine ; l'œil débarrassé de tout ce qui le gêne, revoit le jour avec d'autant plus de plaisir, que la privation qu'il a soufferte, le lui fait revoir plus pur, plus serein & plus brillant.

Pour t'engager à devenir hon-

---

aspirer à la gloire du Fils de *Japhet* & de *Clymene,* il n'a point pris son feu dans le Ciel ; mais dans une Bibliotheque. On trouve dans le même endroit le canevas de tous ses Ouvrages.

nête homme, & ne plus voler les Anciens, ni glaner parmi les plus habiles des Modernes, je t'offre l'image de mon Livre, puiſſe-t-elle te ſervir d'exemple pour faire le bien ; tu ne verras aucun larcin dans cet Ouvrage ; je n'y brillerai point, comme le geai de la Fable, d'une parure volée à autrui: content de mon ſimple plumage, j'y paraîtrai pauvre ; une honnête pauvreté eſt préférable aux richeſſes acquiſes par le brigandage & la fraude. Puiſſe le Grand-Architecte de l'Univers t'accorder force, ſageſſe, proſpérité & ſanté ; ce ſont les vœux les plus ardents de

T O N   F R E R E ,

*Modeſte & Tranquille
Xan-Xung.*

M A

CONFESSION.

PRÉFACE.

J'AVAIS envie de faire mes pâques ; je voyais de vielles Dames de
la bonne compagnie aller à confes-
se : l'exemple est séduisant, il en-
traîne. Madame la Marquise de la
R*** qui avait été très jolie, m'assurait qu'elle ne trouvait rien de plus
agréable, ni de plus rafraichissant
à soixante & dix ans que de faire
des Pâques. Le P. *Barbarigo* de la

A

Villette-aux-ânes (1), me dit-elle, confeffe comme un Ange. Curieux de favoir comme les Anges con-feffaient , j'allai trouver le *Capucin* ; il me demanda d'abord : y a t'il longtems que vous avez été à con-feffe ? dépuis le premier jubilé de *Benoit XIV*. Ce n'eft point d'hier , répondit le *Capucin* ; non affuré-ment, il y a près de dix huit ans. Je vois de fuite que vous n'avez pas l'habitude d'aller, à confeffe ; qu'avez-vous fait dépuis ce tems-là ? autant de bien à mon prochain qu'il m'a été possible & beaucoup d'indulgence pour ceux qui m'ont fait du mal. Cela n'eft rien , me

_____

(1) Les *Capucins* ont l'ufage de pren-dre le nom de la terre, ou de la ville où ils font nés. On n'entend dans leurs cloî-tres que les noms majeftueux de la Cour : le Frère *d'Orléans*, le Frère *de Condé*, le Frère *de Clermont*, le Frère *de Soubife* &c. &c.

dit brufquément le Père ; n'y a t'il
pas un peu de filles dans votre affaire ? de tems-en-tems j'ai trouvé de
jolies filles , comme je ne les aime
pas mal , votre Révérence penfe
bien que je leur ai dit des douceurs :
Des douceurs ! il n'en faut dire
qu'à la bien heureufe Vierge & aux
Saints , les douceurs ne font pas
pour ce monde ..... voyons quelles étoient ces douceurs ? je les
trouvais belles & .... belles !
Voilà de plaifantes épithètes à don
ner à des filles ; fi vous voulez
voir du beau , régardez le Crucifix ,
c'eft une chofe pleine de beautés.
Je fuis perfuadé , mon Père , qu'on
peut faire de très beaux Crucifix &
qu'un habile artifte ... Qu'appel
lez-vous artifte ? il ne s'agit pas
ici d'art , ni d'habileté je dis &
je foutiens qu'un Crucifix de bois ,
de cuivre , de plâtre & de plomb

fut-il auſſi mal-fait qu'on puiſſe le faire, eſt toujours beau, vous devez croire celà ſous peine de damnation.

Pour appaiſer le *Capucin*, qui commençait à s'échauffer, je lui dis : je crois donc qu'un Crucifix mal-fait eſt toujours beau. Bon, bon, je vous convertirai ; mais laiſſons les Crucifix, revenons aux filles ; avec vos complimens, vos douceurs, n'avez-vous rien fait à ces filles ? mon Père, je les ai embraſſées : Ah ! mon cher frère, il vaut mieux embraſſer les cinq plaies, la relique de St. *Ovide*, elle a deux jambes gauches, les cornes de St. *Jean Goule* (1), &

---

(1) Les RR. PP. *Gyri* & *Ribadeneiria*, légendaires *Jéſuites*, aſſurent que le ciel a ſignalé ſes merveilles ſur le poſtérieur de la femme de St. *Jean Goule* : Madame à l'exemple de pluſieurs femmes ſe mêlait

toutes les chémiſes de la Ste. Vierge : mais n'avez-vous fait qu'em-

---

de coëffer ſon mari, ſa conduite amoureuſe
l'avait ſéparée de *Jean Goule*, on vint lui
dire que ſon époux opérait des prodiges :
oui, dit-elle, il fait des miracles, comme
mon cul pète ; à l'inſtant elle péta & ne fit
que pèter continuëllement le reſte de ſa vie.
La ville de *Cambrai* fait tous les ans une
proceſſion en mémoire de cette faveur miraculeuſe, où l'on traine dans un char de
triomphe le bien-heureux *Jean Goule*, patron de *Cambrai*, le Saint eſt figuré au
haut du char par un poliſſon d'écolier, qui
tient un grand cartouche, où ſont écrits
ces beaux vers

       J'avais cru que ma femme
       Aimait la chaſteté é é é
       Je vois bien que Madame
       Aime la volupté é é é
       Pour en perdre la mémoire
       Dans le fleuve de l'oubli
          Biribi
       Je vais boire, je vais boire.

Madame *Jean Goule* eſt au milieu du char
repréſentée par une jeune fille chargée de
gros tétons flamands, qui font la beauté
& le ſaillant de la proceſſion ; elle tient en
main l'Hiſtoire des ſept péchés mortels,

braſſer les ·filles ? quand on eſt
proche du feu on ſe brule ...
n'ayez-vous pas fait autre choſe ?
en cauſant avec elles j'ai gliſſé quelque fois la main ſous des fichus qui
m'embarraſſaient. Que diſaient ces
filles ? monſieur' finiſſez donc. Que
diſiez-vous ? qu'elles avaient tort
de dire, finiſſez donc. Que faiſiez-
vous ? je dévénois plus entrepre-

---

révûe & augmentée par un *Janſéniſte* &
imprimé à *Liège:* à ſes pieds ſont deux
tuyaux de fer blanc, artiſtement conſtruits,
où paſſe le vent de deux ſoufflets qui imi-
tent le bruit du poſtérieur de Mad : *Jean
Goule:* un chœur de muſique toujours dis-
cordant l'accompagne en chantant ces vers
pleins d'eſprit

> Triomphez, ô grand Saint
> Madame pette, ô quel deſtin !
> Ce bruit ſournois
> Annonce votre gloire,
> Et dans l'hiſtoire
> On dira mille fois
> Ce bruit vaut mieux que le ſon des hautbois.

nant, elles me difaient, monfieur
pour qui nous prenez-vous? favez-
vous que l'honneur..... Elles
avaient raifon...... n'aviez-vous
pas de mauvaifes penfées fur ces
filles? ne failiez-vous pas des juge-
mens téméraires en penfant mal du
prochain? non, je m'imaginais que
l'honneur étant un peu loin de leurs
yeux, elles ne pouvaient ....
Aviez-vous l'habitude de patiner
ainfi les filles? oui, comme ça:
Tant pis, mais puifque l'habitude
eft chez vous une feconde nature
& que la nature peut être auffi
elle-même une habitude, car que
favons nous? je vous ordonne de
ne plus toucher les filles qu'avec
des gants, en mémoire des gants,
dont *Jacob* s'eft fervi pour tromper
fon père & voler fon fière & à caufe
de l'Ecriture, qui dit: *periculus,*
pericula, periculum, periculo peribit.

N'avez-vous pas couché avec quelques filles ? dans le tems que j'étais à *Pékin* .... *Pékin*, eft-ce du côté de *Vaugirard* ? à peu près, mon Révérend Père, à quelques mille lieües, cependant un peu fur la gauche : Vous avez vû du pays : eh bien, qu'a t'on fait dans ce *Pékin* ? une jeune fille, belle comme la *Vénus* de *Praxitelles*, avait peur des revénans, fon père & fa mère étaient allés à une foire ; elle profita de leur abfence pour me faire coucher avec elle : Je fuis fûr que vous lui avez taillé plus de matière pour fa confeffion que tous les revénans du monde ; non affuré-ment : Comment celà ? c'eft qu'elle ne va point à confeffe, ne croit point au *Pape* & ne fuit que les fages loix de *Confucius* : Ce *Confucius* eft peut-être un *Janféniste*, oh ! il n'y a point de mal ! on peut

coucher avec une fille hérétique,
elle n'eft point de l'églife ; hors
de l'églife point de falut, *Et præ-*
valebunt adverfus eam partes infé-
riores , comme dit St. *Mathieu* dans
l'Apocalipfe.

Voilà affez d'hiftoires de filles,
parlons de femmes , n'avez-vous
pas fait cocu votre prochain ? non,
dans tous les pays où j'ai été , je
les ai trouvé tout faits : Tant mieux,
vous avez moins offenfé le Seineur : n'avez-vous pas affifté à quelques fortilèges ? oui , j'ai vû foufller
fur l'eau , plonger un cierge dans
cette eau , jetter cette compofition
vers les quatre parties du monde; j'ai
vû à St. *Médard* des forciers , qui
fautaient en l'air, j'étais à côté
d'un Confeiller fort quarré d'efprit
& de nom , il affurait que c'était
des vrais fortilèges ; j'ai vû dans
la rue *Quinquempoix* un magicien

Ecoſſais, qui avait la magie de donner à l'argent dix fois ſa valeur; j'ai vû des gens, qui n'étaient point forciers, courir dans cette fameuſe rue, troquer leur or & leur argent contre du papier pour avoir des mouchoirs. Ces bonnes gens avaient peut-être envie d'être *Capucins*; c'eſt une ſalutaire penſée que de mépriſer l'argent; je n'ai pas entendu parler que nos Péres en euſſent porté dans la rue *Quinquempoix*. Qu'avez-vous encore vû? j'ai vû à *Paris*, où le génie & les contradictions brillent partout, des hommes envoier de l'argent au délà des monts pour avoir des bulles, des indulgences & du papier : l'Indulgence eſt une bonne affaire, cela vaut de l'argent: n'allez pas au moins écrire contre les indulgences, vous nous coupériez la gorge ; c'eſt une mer veille que l'indulgence! le *Pape*, qui a trouvé cette invention d'or, était plus habile que votre *Ecoſ ſais* : la prémière ſottiſe eſt paſſée, l'indulgence dure encore ; vous voïés que l'égliſe eſt fondée ſur la pierre ferme & ſur l'indulgence, *ſuper hanc petram.*

Après une petite pauſe le *Capucin* me demanda, Si je n'avais point aſſiſté au ſabat, ou à d'autre fêtes des ſorciers : oui, j'ai vû les *Saturnales*, les proceſſions *Ambarvales*, la fête de *Cères*, la naiſſance de *Cybelle* la mere des Dieux, l'aſſomption de *Fatime*, épouſe fa vorite du Père des croyans, la naiſſance *d'Adonis*, la mort du grand *Pan* & la fête des *flambeaux.* Où avez vous vû ces impiétés ? à *Conſtantinople*, à *l'Opéra*, à *Viennes*, à *Madrid* & à *Rome* · *A Rome* ! il n'y a point de mal, c'eſt le *Pape*,

qui le permet, fans cela il n'aurait
point d'argent; mais dame ! vous
avez vu beaucoup de fuperftitions,
la fuperftition eft défendue par
l'églife, furtout quand elle n'ap-
porte point de profit ; n'avez-vous,
pas quelquefois troublé l'âme des
morts dans le cimetière ? J'ai fait
chanter fur la tombe de mes amis:
ô Ciel quel crime ! quelle abomina-
tion ! favez vous que le cimetière
eft béni ? mais qu'avez-vous fait
chanter ? le *De Profundis* par les
Prètres : Oh ceci eft une bonne chofe, rien n'eft mieux imaginé, que le
Purgatoire, c'eft le *Perou* de l'é
glife! n'avez vous point eu d'a-
mour-propre ? comme une femme,
un prédicateur, un poëte ; **La** dofe
eft bonne. Le *Capucin* reprit encore haleine, puis continua fes in-
terrogations.

N'avez-vous pas lu de mauvais

livres ? fi, j'ai lu *l'hiſtoire du peuple de Dieu par le P. Berruyer:*
j'ai entendu parler de cet ouvrage,
je ne l'ai pas lu, cela n'eſt-il pas
tiré des *Contes de Marmontel ?* Oui,
à peu près. Continuez ; Il me
tomba l'autre jour un livre latin,
je ſuis bien aiſe de vous conſulter,
car il me parait que vous connoiſ-
fez les livres .... Oui , dit le
R. Père , en m'interrompant ſélon
ſa coutume , j'ai été quatorze ans
bibliothécaire émérite de notre
couvent du *Marais* , j'ai les ouvrages de notre ſœur la Révérende
Mère *d'Agréda* & une bonne édition des *litanies des onze mille Vierges* (1) ... Eh bien voyons ce

---

(1) *Les litanies des onze mille Vierges* par Maître *J: B: D: Blouze* , Prêtre
miſſionaire , imprimées à *Clermont* , chés
Pierre Roland. On trouve onze mille
noms & autant *d'ora pro nobis* dans ces ſavantes litanies.

livre ? mon Père, il a pour titre :
Concilium tridentinum : *Jefus Maria*,
je le connais ! c'eft un livre de
fortilège, *Tridentinum*! le Diable
vous torderoit le cou, fi-vous le
lifiez, nous en avions un exem-
plaire dans notre .bibliothéque,
le P. Gardien le fit bruler (1).
Tridentinum ! *St. François*, le nom
eft épouvantable ! c'eft affurément
l'hiftoire de quelque fabat ancien,
il eft rempli de miftères & de fé
crets pour noüer l'éguillete. N'a-
vez-vous pas fait de mauvais livres ?
Madame la Marquife de la R....
qui eft venue fe confeffer ce matin m'a dit que vous compofiez des
ouvrages pitoyables, pourquoi faites-vous de méchants livres ? il

---

(1) Un Couvent de favans *Capucins* en
Champagne a brûlé cap.tulairement *le
Concile de Trente.* Le titre avait affrayé
l'intelligence de ces Révérends Pères.

me faut du pain : Ne pourriez-vous
pas en gagner en faifant de bons
ouvrages ? la Paffion, par exemple, eft une matière très fertile, il
y a d'excellens morceaux, elle commence tendrement par un baifer ;
ne pourriez-vous point faire de jo
lies chofes fur ce commencement ;
vous avez encore le Curé de *Jérufalem*, qui déchire fa foutane ;
avouez que cela eft fenfible ; un
Magiftrat qui fe lave les mains,
vous pourriez dire des chofes fort
agréables fur la propreté, enfin un
Coq qui chante, des foldats qui
jouent aux dez, cela n'eft il pas
divertiffant ? mon Père, la juftice
en *France* juge des intentions, on
trouverait peut-être dans le choix
de ces morceaux quelques mauvais
deffeins contre l'Etat ; car les Phi
lofophes, dit *Abraham Chaumeix*,
font dangéreux dans un Royaume :

Oui, oui, cela eſt dangéreux ...
c'eſt l'intention, qui fait le larron,
dit *Jean Scot*, *intentio proxima &
remota faciunt intentiones malos &
laronibus* .... vous me faites perdre ce que j'avais à vous dire ...
où en ſommes-nous? attendez, je
m'en ſouviens, nous étions ſur les
livres ; quels livres liſez-vous ?
Bayle, *l'Encyclopédie*, *l'Eſprit des
Loix*, *J. J. Rouſſeau*, & *M. de Voltaire*. Voilà en vérité de bons li-
vrès ! vous êtes damné, ces livres
ſont défendus par Mr. l'Archevê
que. Cependant tous les honnêtes
gens les liſent, ils ſont donc dam
nés ? Monſieur l'Archevêque ſe
donne bien de ſoins apoſtoliques
pour peupler l'enfer. Eh bien,
eh bien ! n'y a t'il point de quoi
vous plaindre, quand tous les honnêtes gens ſeraient damnés, le pain
en ſerait-il plus cher ? Monſeigneur

a

a le pouvoir d'envoier au Diable ceux qu'il veut, il est payé pour cela & il a assez de charité pour damner ceux qui lisent de bons livres & qui n'ont point de billets de confession . . . . pardi, Mon seigneur ne peut-il pas user de ses droits ? Vous êtes plaisant de cen-surer les plaisirs d'un Archevêque ! croyez-moi, attachez-vous au so-lide, lisez *l'Almanach de Liège*, *Marie à la coque*, & *les Mandemens de Monseigneur*, cela fait rire ; avez-vous encore envie de lire de bons livres ? oui certainement : eh bien si vous êtes encore dans cette disposition, je ne vous donnerai point l'absolution : eh bien, mon Père, vous n'avez qu'à la garder. Ecoutez, vous êtes bien vif, vous prennez les gens au mot, ne pourriez vous pas exister sans li-vres? avez-vous besoin de tant

B

lire ? vivez tranquillement, ne
cherchez point à corriger les hommes : faites comme nous, nous
difons toujours du bien du P. Gar
dien & du Couvent, par ce moïen
nous fommes toujours bêtes....
mais enfin, mon très cher frére,
fongez-vous à la mort ? que pen-
fez-vous de ce moment terrible ?
je penfe comme les voleurs, ils
difent que c'eft un mauvais quart
d'heure, mais qu'il eft bientôt paffé · Voila qu'il eft édifiant d'imiter
les voleurs ; fuivez notre exemple
& celui des PP : de l'*Attrappe :* pour
nous occuper falutairement du mo
ment de la mort, nous ne faifons
rien pendant toute la vie. Comment mon Pére, dois-je perdre
le tems précieux de mon exiftence
pour m'occuper d'un inftant où la
raifon ne me fervira plus à rien ?
ne trouveriez-vous pas ridicule

qu'un homme fe levât à cinq heures du matin pour s'occuper toute
la journée du moment où il doit
dormir à dix heures du foir? la
mort eft femblabe au fommeil,
nous nous couchons, nous rêvons
un moment, nous tournons la tê
te une ou deux fois fur l'oreiller,
puis nous fommes endormis : Mais
ce n'eft pas le tout de mourir, fa
vez vous où vous irez après cette
vie ? non : Voilà juftement ce qu'il
faut favoir & dont il faut toujours
s'occuper. . . . . . .

Comment pourrais-je me remplir
d'un objèt , dont je n'ai aucune
connoiffance ? tout périt dans la
nature, les hommes, les Chapons,
les moutons, tout ce qui refpire,
difparait & perfonne ne revient.

Vous avez toujours de plaifantes comparaifons, pourquoi voulez-vous que les chapons, les mou-

tons reviennent dans ce monde ?
pour être encore plumés , chatrés ,
écorchés & mangés ? ils ne font
point affez bêtes de retourner dans
un pays où ils ont été fi maltrai-
tés ; pour nous c'eft une différence , nous marchons à deux pieds ,
nous avons des dents , des ongles ,
nous penfons peut être moins qu'u
ne huître , mais nous faifons plus
de bruit & après cela l'homme eft
le Roi des animaux , quoique *Sa
Majefté* foit mangée dès fon vivant
pas les poux & après fa mort par
les vers ; cela ne fait rien , *Sa Majefté* a toujours l'empire fur les ani
maux : les oïes , les dindons n'o-
feraient lui difputer ce tître , *Sa
Majefté* un couteau à la main leur
couperait le cou : Mon Père fi les
tygres & les ours étaient fupérieurs
en nombre , croïez-vous qu'ils ne
donneroient pas quelques coups

de dent à *Sa Majeſté* ? Bon , bon ,
les tygres ne prouvent rien , nous
ſommes le maître des plus faibles ,
cela prouve toujours que nous ſommes les plus forts.

Au reſte nous n'avons pas béſoin de preuves phyſiques pour croire à la vie future , n'avons nous
pas le *Purgatoire* ? en quittant ce
monde nous deſcendons dans cet
endroit : par votre confeſſion , je
vois que vous aurez de la peine
d'attrapper le *Purgatoire*. Mon
Père , je ferais bien faché d'y aller Vous êtes un impie , comment , comment réfuſer d'aller en
Purgatoire ? & pourquoi ne vouloir
point aller en *Purgatoire* ? c'eſt
que je n'aime pas la brulure : Mais
auſſi quand vous aurez été brûlé ,
vous jouirez d'un bonheur accom
pli. Votre *Purgatoire* eſt de trop ,
manquer de pain dans ce monde ,

avoir la fièvre, mourir & brûler pour être parfaitement heureux, votre Révérence a des notions bien originales du bonheur, il faut être infensé de défirer la félicité à ce prix.

Après plufieurs autres difficultés avec le P. Barbarigo de la *Villette-aux-ânes*, je vis qu'il fallait rénoncer au tendre efpoir de faire des paques : je quittai le *Capucin*, je ne fis point de pâques, je ne fus point incommodé.

HISTOIRE

D U

GRAND POLICHINEL

ET DES

MARIONETTES CHINOISES.

L e Sage Philofophe *Oïaron* bâtit à la *Chine* un Temple à la *Vérité*; l'édifice fut l'admiration de l'Empire. Le Culte du Dieu de ce Temple était le pûr Déisme mêlé à quelques ablutions & au gâteau des Rois , qu'on devait manger en famille en mémoire de la feve tombée à *Oïaron* dans ce monde & la raison pour laquelle il se disait Roi des *Bramines*. Les loix simples de ce Temple se reduisaient à ces courtes paroles : tu aimeras le Maître de la nature & les bêtes à deux pieds, qui auront un nez, deux oreilles, une bouche, comme sont placés ton nez, tes oreilles & ta bouche.

La simplicité de cet ancien édifice subsista quelques siècles ; *l'orgueil, l'avarice,* & *la superstition* le jetterent bas. On bâtit avec des pierres ciselées & du marbre travaillé un superbe *Panthéon,* orné de niches qu'on meubla de marmousets sortis des moules qui avaient formé les *Pénates* des enfans de *Numa.* Non content d'avoir semé les magots çà & là, on les a jumellés, grouppés ; on a mis dans leurs mains tout ce que l'imagination a suggéré. Le Temple n'a plus été qu'un Théatre de *Marionettes* dédié à quelque *Polichinel,* qu'on a mis à la place du sage *Oiaron.*

La Canaille, qui ne pense jamais, a trouvé le nouveau Temple merveilleux : elle a rendue ses hommages aux

magots, leur a portée fon argent.
Deux Empereurs *Chinois*, des *Colaos*,
& des *Sages* fe font élevés contre ce
nouvel édifice : on s'eft égorgé pendant quelques fiecles pour conferver
les *Marionettes* dans le *Panthéon* ; les
gens d'efprit fatigués de voir la Canaille fe déchirer, laffés de fe battre
pour des morceaux de bois, ont joué
au bibloquet comme les autres.

Pour affermir la gloire du nouveau
Temple, la fuperftition a couronné
celui, qui faifait jouer les *Marionettes*. Des *Bramines* & des *Cabaliftiques*
ignorans fe font mis à crier : voici celui que vous dévez croire : car voiez-
vous, il ferait inutile que *Polichinel*
fut immancable, fi la loi était immancable : nous trouvons plus naturel qu'une machine de chair & d'os
foit immancable, qu'une loi qui n'a
ni chair ni os. La *Chine* & le *Japon*
crûrent ce galimathias.

Pour accompagner *Polichinel*, on lui
donna un certain nombre *d'Efcara-
mouches*, & pour les diftinguer des
Menuifiers, des *Garçons Peruquiers* &

des *Juifs*, on leur donna des feutres diftingués.

Polichinel & les *Marionettes* ont un vieux livre qu'*Oïaron* leur a laiffé. Si ce livre eft vrai, comme les *Marionettes* le difent, les confciences de *Polichinel* & des *Marionettes*, fuffent-elles auffi larges, auffi profondes que l'efprit humain puiffe les concevoir, elles n'accorderont jamais les maximes auftères de cet ouvrage avec la vie qu'elles mênent. *Oiaron* a deffendu hautement les richeffes de *l'Inde*; & les *Marionettes* font les plus riches & les plus opulentes de la *Chine*. *Oiaron* n'avait pas une pierre pour fe répofer, les *Marionettes* ont des Palais audacieux & brillans; les tréfors du *Pérou* & du *Mogol* fe perdent fur leurs murs fomptueux; les courfiers rapides, qui les tirent dans des chars azurés, font auffi fuperbes que leur cœur. Les *Marionettes* ne marchent que fur des chefs d'œuvres de l'art; *Oiaron*, dans la pauvre boutique de fon Père, marchait fur la pouffière, manquant de tout, gagnant fon pain à la fuèur de son corps ; & quelle chére faisait-il à la maigre cuisine de sa Mère, parente aux Rois de la *Chine*, comme tous les pauvres *Irlandais* se disent alliés à la maison de *Stuart* ?

La Table du *grand Polichinel* de la *Chine* & celle de ses *Marionettes* sont servies délicatement : leurs repas sont plantureux, l'oiseau de Phase, le cocq de Bruière, le gras ortolan, les enfans des eaux viennent s'offrir à leur avide sensualité ; la terre, l'air, l'océan s'épuisent pour elles : ah ! si *Polichinel* & ses *Marionettes* lisaient quelquefois le livre *d'Oïaron !* mais elles ne lisent point ; ces Dames verraient autour de leurs palais mille malheureux, qui désirent de ramasser les bonnes miettes qui tombent de leurs Tables ; elles entendraient *Lazarelle de Torme* crier plus haut que la musique qui accompagne leurs répas sensuels, & si elles mettaient à côté de leurs flacons *de lacrima Christi* le livre *d'Oïaron*, elles trouveraient leur sentence ; car elles s'engraissent de la substance de *Lazarille de Torme*, elles laissent a-

maigrir les membres *d'Oïaron* & con-
fument dans l'oifiveté & les plaifirs le
patrimoine des pauvres *Chinois*.

Oïaron était humble, les *Marionettes*
font vaines, elles ont armé les *Indes*
& la *Chine* pour foutenir l'orgueil de
leurs droits. l'Hiftoire eft chargée
de guerres odieufes & éternelles, que
leurs prétentions ridicules ont occa-
fionées. *Oïaron* n'était pas Roi de ce
monde, fon Royaume n'était point a
la *Chine*, dans *l'Europe*, ni ailleurs;
l'un de fes domeftiques faifait des pa-
niers pour vivre, l'autre jettait les
filets dans la Mer du *Japon*, dans les
lacs & rivières de la *Cochinchine*. Les
Marionettes font les Reines de la Mar-
che-*d'Anconbon-bon* & de la Marche
d'Ancule-fi fi; elles ont difpofé en fou-
veraines & en téméraires des Royaumes du monde. C'était bien vraîment
aux fuccefleurs des Pêcheurs du *Japon*
de diftribuer les couronnes, de brifer
les fceptres, d'ébranler les trônes &
d'attenter à l'autorité facrée des Rois.
Deux Etats puiffants de la *Cochinchine*
font des conquêtes, & ces conquê-

tes, dit-on, appartiennent à *Polichi-nel*; les Rois & les simples ajoutent foi à ces prétentions à cause que leur loi enseigne que *Polichinel* & ses *Marionettes* doivent être pauvres comme l'indigent *Oiaron*. Ces prétentions sur la *Cochinchine* & les Royaumes étoient bêtes ; la vérité qui éclaire, dit on, le Théatre des *Marionettes*, n'éclairait alors que leurs sottises.

l'Empereur du *Japon* pour se captiver la bienveillance de *Polichinel*, doit tenir son étrier quand il monte à cheval, la *Chine croyante* doit se prosterner à ses genoux. Comment *Polichinel*, n'a t'il pas appris l'humilité, en comtemplant celle d'autrui ? car il y a bien des siècles qu'on met ventre à terre à l'aspect de ses pantouffles : comment *Polichinel* souffre t'il cette plate & orgueilleuse rubrique ? en vérité *Polichinel* n'imite point *Oiaron* ; il lavait les pieds à ses domestiques, il était humble. Hélas ! ce sage Philosophe pensait-il de faire un jour de si grands seigneurs ? sa morale ne l'annonce pas.

La Juſtice de *Polichinel* eſt cruëlle ; celle *d'Oiaron* était pleine de bonté, la miſericorde tenait ſon glaive & s'il frappait c'était pour corriger ; il n'a jamais fait de mal ſur la terre qu'à un marchand de cochons, à qui il a fait perdre, à propos de bottes, toute ſa marchandiſe. *Polichinel* a fait brûler les Sages, condamné les Puiſſans, damné les *Hiſtrions* & donné au *Manitou* ceux qu'*Oiaron* envoïait à *Xénoti*. Le Maitre a pardonné à ſes ennemis, *Polichinel* a maudit, calomnié un grand Empereur du *Japon*, mis les Princes & les Mandarins ſous les pieds, donné des coups de gaules au répréſentant du meilleur Roi du *Pérou* ; il a fait déterrer le *Polichinel* ſon prédéceſſeur pour le brûler honteuſement à la face de l'univers : un grand Phyſicien, pour avoir eu raiſon, a gémidans ſes fers ; il a maudit ceux qui avaient cru aux premières nouvelles de *l'Iſle de Robinſon*, & ce jour-là *Polichinel* fut un ſot.

Polichinel eſt Souverain du grand feu, où il brûle & continue de brû-

ler d'honnêtes gens , des gens d'esprit
& des Philosophes. Plusieurs Provinces de la *Cochinchine* ont tous les ans
de ces feux de joie , où ils consument ,
en invoquant le nom bienfaisant *d'Oïaron* , de très belles femmes pour avoir
couché avec les hommes , qui avaient
donné par politesse un nom à leurs
enfans. *Polichinel* & ses *Marionettes* ont
fait couler des fleuves de sang ,
pour persuader aux *Chinois* que la
voix de *Polichinel* était celle *d'Oïaron*. Les endroits où le légiflateur a
signalé sa bonté , où il a pardonné à
ses ennemis , ont été les théatres de
leur cruauté ; leurs mains coupables
ont rougi le pavé , où il nàquit ; son
tombeau a servi d'autel pour immoler
leurs victimes ; la montagne , où elles chantent le triomphe de sa philo-
sophie , a été trempée du sang de leurs
ennemis & du sang de leur Maître :
les champs *d'Uxu-docguelanxion* ont été
couverts de cadavres à la voix d'un
Bonze cruèl ; la Province de *Xandre-
flan* a milité deux cens ans pour
conserver les marmousets de *Poli-*

chinel; *Xurifpa* a vue fes rues jon-
chées de fes fureurs. *Polichinel* fe
glorifie, dans ceux qui ont deffendu
fon temple, que leur nombre eft petit, en comparaifon des peuples qu"il
a fait égorger à fes prétentions, à fon
avarice & à fon orgueil. Le prophé-
te *Mahomet*, dont *Polichinel* 'détefte la
memoire, a été moins coupable. Le
légiflateur de la *Mecque* n'a fait que
paffer comme un torrent qui defcend
des montagnes, & *Polichinel* du haut
de fon *Pantheon*, où le fang & l'imbécilité l'ont affermi, continue à frapper la *Chine*, & la *Cochinchine*.

Oiaron était fage, comment les
Marionettes le font-elles ? à l'ombre
de leur indulgence intéreffée, les filles commettent mille lafivetés; leurs
Palais font tapiffés des figures de *l'Ar-
retin*; leurs lits font meublés de la
Docila Robba & des Signors Cuculli.
Oiaron a toujours édifié ; les *Bramines*,
les *Marionnettes* ont rempli l'hiftoire
& les climats de leurs fcandales affreux. Pendant deux ou trois cent
ans, elles avaient deux & trois *Poli-
chinels*

chinels à la fois ; il fallait des batailles pour ranger l'efprit univerfel du côté du plus fort : la gazette, inconftante comme leurs victoires, annonçait aux peuples celui auquel ils dévaient l'obéiffance ; un ordinaire c'était *Xuxi*, parcequ'il avait battu *Xixu* ; quinze jours après c'était *Xixu*, parcequ'il avait frotté *Xuxi* ; le fort triomphait du faible & le vaincu chargé de fers abandonnait l'infaillibilité à fon camarade le plus fort.

Le Sang *d'Oïaron* a fatisfait pour tous les crimes, l'avarice de *Polichinel* a taxé les faibleffes humaines : pour un écu *Chinois*, il paffe au voifin la mifere de faire fon ami cocu. Ce commerce & bien d'autres ont enlevé de grands Pays à *Polichinel ;* il s'eft faché d'avoir perdu tant de Provinces, il les a maudites à caufe qu'il les avait perdues : il a fait le crime, il punit les innocens ; *Polichinel* a une logique, elle eft à lui feul.

C'eft par les fruits que vous rapporterez, dit le Philofophe *Oïaron, que je réconnoitrai que vous êtes Sages ;* Poli-

chinel & ſes *Marionettes* n'ont imité que le faſte, & n'ont moiſſonné que des vices. l'Envie d'avoir un feutre différent de celui des Meuniers leur fait imaginer des quittances pour l'autre monde & leur occaſionne des ſottiſes dans celui-çi. Tout le fruit que les *Marionettes* offrent à *Oïaron*, ou mieux le miracle qu'elles opèrent, c'eſt en montrant leur conduite & la loi de leur Maître ; c'eſt du noir & du blanc, c'eſt le plus grand miracle de leur Réligion.

SERMON

Préché par M. *l'Abbé de* Prades
*à la Profeſſion de Mademoiſelle
de* Hauteville Tancrède *aux
Religieuſes* Carmelites *de* Paris.

JE fus invité aux *Carmélites* de *Paris*
à la profeſſion d'une Demoiſelle de
condition ; j'y vis à peu près le ſpecta-
cle barbare que les Grecs donnèrent
autrefois en *Aulide.* Le bucher était
préparé : mais *Clytemneſtre & Achiles*
n'y étaient ; Mr. l'Archévêque *Chriſto-
phe* repréſentait le dur *Calcas ,* la Victime couronnée de fleurs avança d'un
pas lent vers l'autel. C'était une jeune perſonne de ſeize ans , d'une beauté éblouiſſante ; elle verſait des larmes , ſe mit aux genoux du Grand
Prêtre , prononça quelques mots &
dans l'inſtant ſon cœur fut obligé de

fe fermer, pour toujours. On ne vît point couler le fang de cette nouvelle *Ephigénie*, le genre de mort était plus effroyable, le fupplice dévait durer foixante & quelques années. l'Ennui, le dégout, le défefpoir, un cœur tou jours tendre, des fens fans ceffe revoltés, étaient les bourreaux chargés d'immoler à chaque heure la victime.

On ôta les parures de cette belle fille ; on couvrit fon beau fein d'un voile épais ; il était ému, il palpitait, *Amour* tu fais pour qui ! on enterra fes appas dans les habits groffiers & ridicules. Monfieur l'Abbé *de Prades* monta en chaire & fit ce discours.

„ Que les faints habits, dont on
„ vient de Vous vétir, font beaux,
„ ma chere Sœur ! les richeffes de
l'Inde les coliers de *Tyr*, dont
„ *l'époufe des cantiques* ornait fon cou
„ blanc, quand elle entrait dans la
couche voluptueufe de *Salomon*,
„ n'approchaient point de l'éclat de
„ ces faints guénillons. Dieu le Pè-
„ re, la Ste. Vierge, les Anges &
„ les Saints fe font réjouis dans le

» Ciel au moment que Monſeigneur
» vous a décorée du ſacré ſcapulaire
» du *Mont-Carmel.*

» Vous avez quitté le monde pour
» entrer dans l'Arche de *Noé*, Arche
» fortuné, qui vous conduira ſur les
» montagnes de *l'Armenie* heureuſe;
» tandis que les miſérables mondains,
» ſemblables aux géans de la fable &
» de l'écriture ſéront accablés du poid
» de leur orgueil, ou ſubmergés dans
» la mer tempétueuſe de leurs paſ-
» ſions. Plus grande que la *femme*
» *forte* du *Sage*, vos mains pucelles
» ont briſé le fuſeau & l'éguille ; vous
» avez généreuſement mépriſé la
» gloire d'obéir à un Mari, le bien
» précieux d'éléver des enfans dans
» la ſageſſe, le bonheur d'être celui
» de votre maiſon & de vos domeſti-
» ques. La *femme forte* de *Salomon*
» n'était belle qu'aux yeux groſſier
» des *Iſraëlites*, race de vipères,
» enchaînée malheureuſement par les
» mains de Dieu le Père dans les fers
» d'une Réligion de chair & de ſang.
» La Loi de grace, ſupérieure aux

» vains élemens de la loi ancienne,
» a infpiré à votre cœur d'arracher
» les fentimens du fang ; vous avez
» rénoncé à des parens tendres pour
» obéir à une étrangère que vous ne
ccnnoiffez pas, que vous n'aime-
» rez jamais, parcequ'elle ne fe rren-
» dra jamais aimable ; éternellement
» concentrée dans le vafte cercle de
» fes minuties, elle grondera perpétu-
» ellement, elle étudiera avec une
» application conftante les occafions
» de vous contrarier ; enflée d'un
morceau de parchemin, qui l'ag-
» grandit à fes yeux, elle exercera
» fur vous un defpotifme fans bornes,
» une autorité fans rélàche : fon
» amour-propre ne perdra point une
» virgule de fes droits ; toujours au
» delà de la raifon, fes décifions fe-
» ront des oracles, vous ferez con-
» trainte d'adorer l'imbécilité humai-
» ne dans fa perfonne facrée & bavar-
» de ; enfin fa charité vous fera fen-
„ tir pendant foixante & quelques an-
„ nées que le joug du feigneur eft
„ dur, que la fuperftition & le fa-

» natisme ont rendu-fes fers acca-
» blans.

» Quels fécours ne trouverez vous
» point dans vos chères compagnes?
» ces chaftes époufes de l'Agneau,
» qui fait germer les vierges, pour
» aimer davantage leur époux, font
« difpenfées de s'aimer entre-elles.
» Leur fenfibilité s'attachera à vous
» tracaffer, leurs yeux veilleront au-
» tour de vous pour vous trouver
» répréhenfible, leur langues légè-
» res & vénimeufes ne fe rémuèront
» que pour vous prêter des défauts
» ou vous charger de faibleffes: vo-
» tre beauté, ce fujet aujourd'hui
» de deuil & de larmes pour le mon-
» de, vous occafionnera fouvent des
» chagrins : on trouvera que vous
» aurez tort d'être la plus belle & la
» plus jolie de votre communauté.
» Un minois fous le voile veut plai-
» re, comme fous le cabriolet; cet
» inftinct eft né avec votre fexe &
» les femmes ne s'en dépouillent
» point auffi aifément que de leurs
» habits. Votre efprit vous attirera

» le réproche ufé & miférable d'irréli-
» gion ; dans le cloître & dans le fiè-
» cle , les fots fachés d'être fans
» efprit fe vengent de ceux qui en
» ont , en les accufant de matérialif-
» me & d'indévotion ; perpétuelle-
» ment obligé de vivre avec les me-
» mes mafques , que votre vie féra
» délicieufe ! que vous aurez d'obli-
» gations à la tendreffe paternelle de
vous avoir fait malgré vous , un
» fort qu'elle n'enviera jamais pour
» elle.

» Des dévoirs petits & ennuïeux &
» toujours répétés pendant foixante
» ans , vous annéantiront chaque
» jour ; des offices longs , où un ftu-
» pide Directeur exigera votre atten-
» tion quand rien ne pourra la
» fixer d'ailleurs, vous rendront les
» hymnes du Ciel auffi infipides que
» les œuvres de *Caraccioli*. Quelle
» faveur trouverez-vous de chanter
» les merveilles de l'Eternel en grec
» que vous n'entendez point ? quel
» fruit retirerez-vous de huit heures
» de chant, qui ne laifferont rien

» dans votre cœur , ni dans votre
» efprit ? femblable aux orgues de
» votre églife , vous aurez fait un
» vain bruit comme elles.

» O tems perdu confacré par les
» faintes rubriques de l'églife , que
» vous êtes cher à fes yeux ! ô tems
» perdu relié dans quatre parties d'un
» bréviaire ignorant , que vous êtes
» refpectable aux régards de l'Epoufe
» militante de l'Agneau égorgé ! dé-
» puis la fondation du voile , depuis
» l'imagination des grilles & de la
» fainte ftérilité , l'églife , cette mè-
» re riche & éclairée n'a point ceffé
» de vous entretenir parmi les vier-
» ges immolées à l'idole du célibat :
» oui par la durée de la fottife , on
a formé au très haut des peuples ,
qui femblables aux Dieux de *Tyr*
& de la *Babilone* , ont des oreilles
& n'entendent point. Hélas , mon
Dieu !. ceux qui ont imaginé ces
» belles rubriques étaient comme eux ,
» *fimiles illis qui faciunt ea.*

» L'éducation fage , qu'on vous a
» donnée , ma chère Sœur , le bon

,, exemple , .qui a ¦peut-être toujours
,, marché devant vous , ont détourné
,, de vos régards l'image d'un Dieu
,, charmant & rędoutable, vous . ne
,, le connoiffés pas .encore ; hélas ! il
,, eft dans vos, yeux , dans l'air que
,, vous refpirez , il s'exprimera un
,, jour par vos foupirs :. s'il ne s'eft
,, pas encore montré à vous , il crai-
,, gnait votre âge , fa nudité -aurait
,, effrayé la timidité de vos jours
,, naiffans ; il fe fera fentir à votre
,, cœur , il entre aifément dans la
,, folitude , la retraite le nourrit ;
,, hélas ! faut-il vous annoncer qu'un
,, Dieu fi beau gémira de vous être
,, terrible ; femblable à la trifte *Hé-*
,, *loïfe* vos yeux défefpérés verront
,, defcendre *Abelard* avec *Jefus* &
,, *Marie* fur l'autel ; vous les verrez
,, tous trois dans le faint des faints &
,, *Abelard* votre cher *Abelard* l'empor-
,, tera affurément fur *Jefus* & *Marie.*
,, Votre âme envéloppée de vos fens
,, trouvera dans chacun d'eux un en-
,, nemi infidieux, vos efforts féront
,, impuiffans pour répouffer les at-

„ traits du plaisir qu'ils vous offri-
„ ront ; vous verrez derrière vous les
„ mirthes que vous avez foulés,
„ fous vos pieds un Océan de dou-
„ leurs, autour de vous des amans
„ heureux & couronnés de rofes, qui
„ chanteront les faveurs de leur maî-
„ tre ; & dans le cruel avénir, le dé-
„ fefpoir & la mort comme les ter-
„ mes défirables de vos malheurs.

„ Vos jours humectés de vos lar-
„ mes fe confumeront dans la triftef-
„ fe : vous chercherez le bonheur,
„ il n'en eft. pas fans l'amour ; ce
„ Dieu adoucit les labeurs pénibles
„ des payfanes, les foins inquiets des
„ mères · ce tendre enfant eft leur
„ récompenfe, il foulage le foir les
„ travaux de la journée, un feul de
„ fes régards leur fuffit ; ô charmes
„ du pêché originel ! ô concupifcen-
„ ce, que féroit l'univers fans toi.

„ La félicité que votre état vous
„ préfente eft encore dans l'avenir :
„ quelle force d'efprit ne faut-il pas
„ pour fe pénétrer, d'un bonheur
„ invifible, qui nous prive de la vie

,, & des plaisirs les plus séduisans ?
,, que de sécours ? que de machines
,, pour élever l'ame vers un pays in-
,, connu, pays ingrat qu'il faut ache-
,, ter aux dépens de ses sens, de ses
,, gouts les plus simples & les plus na-
,, turels. Ce détachement du monde
,, est une maladie de l'âme, ou le
,, fruit de la vieillesse du sage, &
,, vous vous flattez d'être vieille com-
,, me le sage, à seize ans ?

,, O maître de la nature ! est-ce en
,, détruisant ton ouvrage qu'on de-
,, vient cher à tes yeux ? tu n'as ja-
,, mais parlé à l'homme que par le
,, plaisir, tu n'entretiens son existen-
,, ce qu'en flattant ses sens ; la con-
,, cupiscence, cet appas attrayant,
,, qui force la nature à se reproduire,
,, est l'œuvre puissant de ta sagesse ;
,, cette innocente vient de promettre
,, d'effacer ce que ta main a gravé
,, sur sa chair ; c'est une hypocrite
,, trompée par d'autres hypocrites,
,, qui en s'en imposant à elles-mêmes,
,, se vantent de dompter la nature ;
,, tu ès le créateur, elle vient jurer

„ à tes pieds d'anéantir ce que ta main
„ féconde a formé.

„ Entrez un moment, ma chère
„ fœur, fous ces toits ruftiques, où
„ répofe cette fenfible mère entourée
„ de foins, accablée de fatigues, el-
„ le dort, mais comment ? avec un
„ oeil ouvert fur fes enfans, .elle a
„ fixé pendant la journée chaque
„ heure du tems qui s'envole, par
„ des travaux utiles. Si elle répofe
„ un inftant, c'eft dans les bras de
„ l'amour & pour nous donner les
„ hommes les plus néceffaires à nos
„ béfoins. Etes-vous, mes fœurs,
„ auffi agréables au Seigneur ? vous
„ ménez dans le fein de l'oifiveté une
„ vie plate & inutile, vous n'avez
„ ni les foins intariffables des mères,
„ ni les travaux pénibles qui les con-
„ fument chaque jour. Quel bien
„ faites-vous à l'humanité ? vous fur-
„ chargez la terre d'un poid maffif,
„ vos mains défoeuvrées font des cha-
„ pelets, des petits cœurs brodés & des
, confitures pour le cher Directeur.
„ Père calculateur, mère intereffée

,, dont les mains avares ont traîné cet-
,, te victime à l'autel, réjouiffez-vous !
,, le *Oui* eft-proconcé , que vos cœurs
,, s'épanouïffent! ah bourreaux bar-
,, bares ! croyez-vous que le maître de
,, la nature n'ait pas votre facrifice en
,, horreur ? le poignard de la fuper-
,, ftition , que l'églife pour faciliter
,, vos homicides à ofé mettre fur fes
,, autels , vous a fervi utilement *!* vous
,, venez de le plonger avec pompe
,, dans le fein de cette innocente. O
,, Dieu des tems *!* ô Père de la Vérité !
,, ô Dieu de *Voltaire* & le mien ! peus-
,, tu voir d'un œil indifférent infecter
,, dans le fein de cette fille les germes
,, vigoureux de ta fécondité ? tu crées
,, fans ceffe , tu commandes à l'hom-
,, me de t'imiter , peus-tu voir brifer
,, tranquillement tes images ? les loix
,, fages du Royaume ont condamné a
,, mort les filles qui détruifaient leur
,, fruit ; la contagieufe fuperftition ho-
,, nore, refpecte , fanctifie celles qui
,, defféchent les fources de la géné-
,, ration (1).

_____

(1) Il n'y a que les fots, les convul-

,, Chrétiens auditeurs, accourés à
,, cette cérémonie pour vous édifier,
,, que vous êtes bêtes! quel fujèt de
,, gloire, de triomphe, d'édification
,, tirez vous d'une vertu ftérile, qui
,, ne produit rien ? vous voyez cha-
,, que jour détruire l'humanité fur vos
,, autéls & vous béniffez le couteau
,, éternel qui moiffonne la fociété ;
,, vos campagnes manquent de bras &
,, vous les anéantiffez encore dans les
,, cloîtres. Ah! malheureux, non con-
,, tens d'égorger au fon des trom-
,, pettes, de maffacrer au bruit des
,, timbales la moitié de votre efpèce,
,, vous venez encore avec la grof-
,, fe harmonie de votre vieux *chant*
,, *gregorien* chanter le *Te Deum* à caufe
,, qu'une fille ne féra plus mère : que
,, votre ftupidité eft grande! vous
,, êtes femblables à un feigneur de vil-
,, lage qui mettrait fix mille journaux
,, de terre en jachère pendant foixante

fionnaires, les fanatiques & les ennemis de
l'Etat qui puiffent croire ou prêcher que le
célibat eft préférable à l'état du mariage.

„ ans pour glorifier celui, qui fait
„ germer la terre.

„ O *LOUIS !* ô mon Roi ! si sem-
„ blable au maître du la nature par
„ la beauté de ton cœur, si supérieur
„ aux autres Rois par ton humanité,
„ n'empêcheras-tu point ces sacrifi-
„ ces ? ton âme, toujours éveillée
„ au bonheur de ton peuple, ne dé-
„ fendra-t'elle pas à la jeunesse de
„ prendre le couteau de la superfti-
„ tion avant trente ans? parle, ô
„ grand Roi ! & ta voix, comme les
„ trompettes de *Jericho*, fera tomber
„ ces murs groffiers, où gémiffent
„ tant de malheureufes victimes fi né-
„ ceffaires au befoin de l'Etat. „
L'orateur s'adreffant à Monfeigneur
Chriftophe, lui dit : „ vous êtes incon-
„ teftablement, Monfeigneur, l'aigle
„ des *Vifigots*, *l'Ambroife* des *Oftro-*
„ *gots*, le *Chrifoftôme* des *Gaulois* &
„ *l'Auguftin* de *l'Ile de notre-Dame* :
„ la noble defenfe de la Bulle, la
„ création des billets de confeffion
„ & le réfus conftant des facréments
„ vous rendront toujours agréable au
„ Dieu

,, Dieu des misericordes : ces passe-
,, ports réfusés si charitablement aux
,, âmes, qui ne peuvent aller, dites-
,, vous, en Paradis sans ces passe-
,, ports , feront l'éloge de votre
,, discernement. Qu'il est grand, Mon-
,, seigneur , d'obéir au P. *Patouillet*
,, & à la grace ! continuez d'entre-
,, tenir cette sainte mésintelligence
,, dans l'église, elle prouve à l'uni-
,, vers que le fanatisme ne peut quit-
,, tes nos autels, c'est à votre gran-
,, deur que *Paul* a remis l'épée, dont
,, la superstition a décoré les tableaux,
,, c'est de ce glaive qu'il faut frapper
,, les enfans de *Quénel*, de *Janfenius*
,, & les Philosophes seuls adorateurs
,, du vrai Dieu. Le Ciel prépare à
,, vos victoires les honneurs, dont il
,, combla le Révérend Père *Inigo* ;
,, oui , Monseigneur, vous couche-
,, rez en Paradis avec le P. *Ignace*,
,, vous pourrez lécher les mousta-
,, ches précieuses qu'il laissa sur l'au-
,, tel de *Monferrat*, vous tiendrez en
,, main cette immortelle rapière qu'il

D

„ attacha à l'image miraculeuſe de
„ *Marie.* „

Les prédicateurs pour ſe captiver
la bienveillance des Couvens, ſont
dans l'uſage de louer la Supérieure
dans leur ſermon ; l'Orateur, ſe tournant vers la Révérende Mère, enton-
na ainſi ſon éloge.

„ Le cloître s'ouvre à mes yeux *!*
„ mon œil profane oſe pénétrer ce
„ berçail impénétrable, où giſent les
„ vertus & le murmure ! ah chrétiens '
„ que vois-je ? levez les yeux vers ce
„ ſanctuaire ; admirez cette ſainte
„ ſupérieure, le modèle parfait du
„ bon *Jéſus* & de la Sainte vierge '
„ elle eſt tendre comme *Marie*, elle
„ ſe fait enfant comme *Jéſus* pour
„ s'abaiſſer juſqu'à ſes ſœurs ; oui !
„ elle ne dédaigne pas quelquefois de
„ cauſer avec elles dans les heures
„ de récréation ; ſi elle ordonne des
„ châtimens, c'eſt le zèle qui les
„ dicte ; ſi elle donne des conſeils
„ c'eſt *l'Ange-gardien* du couvent, le
„ P. Directeur qui parle ; ſi elle eſt

„ fans ceffe au parloir, c'eft pour ŷ
„ étaler avec une modeftie réligieufe
„ le petit orgueil de fes titres, édifier
„ comme fon frère *Vert-vert* les ca-
„ davres & les morts du fiècle. Que
„ de foins ne s'eft-elle pas donnés
„ pour embellir le couvent! Madame
„ a fait broder les nouveaux gradins
„ de l'autel du *facré cœur*, un habit
„ couleur-rofe à *notre Dame de la*
„ *Compaffion*; fait préfent d'un beau
„ colier de grénats au chien de *St.*
„ *Roch* & des manchettes brodées au
„ cochon de *St. Antoine.*

„ Que votre mérite eft grand', Ma-
„ dame! que vos vertus font fubli-
„ mes! votre piété eft celle de *Jephté*
„ pour fa fille: la force de votre
„ efprit, la main rude de *Judith* & le
„ bras nerveux de *Samfon* : votre
„ voix, le fon deftructif des trom-
„ pettes de *Jéricho* : vos yeux, ce
„ foleil que *Jofué* arrêta fur le hameau
„ de *Gabaon* : votre fainte allégréffe,
„ la joie du chien de *Tobie*, qui re-
„ muait fi joliment la queue : votre
„ prudence, celle de *Dav.d* quand il

„ coupa pendant la nuit un morceau
„ de la chemife de *Saül* : votre zèle
„ éclairé, celui du prêtre *Joada*, quand
„ il fit indignement maffacrer la Reine
„ légitime : votre difcernement dans
„ les chatimens, la fureur des enfans
„ de *Jacob*, quand ils fûrent à *Sichem*
„ égorger lâchement un peuple, qui
„ s'était bêtement coupé fon prépu-
„ ce : enfin, Madame, vous êtes fem-
„ blable aux vieux livres & les vieux
„ livres font femblables à vous ; c'eft
„ pour leur reffembler davantage que
„ vous déraifonnez fi fouvent ; tout
„ ce que vous dites font des miftè-
„ res, il en fallaît au ciel pour fe ren-
„ dre compréhenfible à la faibleffe
„ humaine : vivez Madame, mais ne
„ bornez point votre gloire à vivre
„ dans le cœur de vos fœurs, fongez
„ à vivre dans l'éternité. Les Anges
„ apprendront vos vertus à la terre,
„ le jour les racontera à la nuit & la
„ nuit les redira au jour : dans le der-
„ nier inftant du monde les Philofo-
„ phes vous verront avec étonnement
„ fur la chaire des douze Tribus pour

„ juger encore le prochain & la terre.

„ *Claudite jam rivos fat prata bibére :*

„ c'était par ces paroles que l'apôtre

„ *St. Jaques* louait autrefois la mere

„ fupérieure des *Carmélites* de *Jérufa-*

„ *lem* ; *claudite Jam rivos* ; élévez ,

„ criait-il , la voix pour annoncer la

„ gloire de la mere Prieure ; *Sat pra-*

„ *ta bibére :* c'eft le miroir de la fageffe

„ & du bon exemple , Ainfi-foit-il. „

Le Sermon de Mr. l'abbé *de Prades*
fut très cenfuré par les Rabbins de
Sorbonne. Cette pièce me donna envie de courir les prédicateurs de *Pa-*
ris ; je favourais la manne filtrée &
légère du P. *de la Neuville ,* j'admirais
l'arrangement de fes petites phrafes ,
le choix de fes jolis mots : je fuivis les
fermons galants de Mr. l'abbé *de la*
Tour - du - pin qui ne convertiffaient
perfonne. Des gens d'efprit raifon-
naient fur ces pièces & difaient mille
impiétés ; ils trouvaient ces difcours
offenfans pour le maître de la nature :
felon eux ces grands orateurs chrétiens
ne reconnoiffaient point le vrai Dieu ;
où ont ils été le chercher , aux enfers ?

difaient-ils : le premier légiflateur,
qui ofa épouvanter les hommes en al-
lumant le *Ténare*, était un monftre;
il doutait, fans doute de l'exiftence
de Dieu ; ou voulait porter les hommes à le détefter ? quelle idée voulait-
il donner du Créateur, en le dépeig-
nant comme *Saturne*, qui dévore fes
enfans?

Les hommes qui avaient exifté,
ceux qui vivaient encore, ne voyaient
autour d'eux que des fignes de la bonté
de Dieu, le foleil fe lever conftamment,
la terre germer fes fruits & le plaifir
répandu fur tout ce qui refpire : tant
de bienfaits pouvaient-ils faire éclore
dans le cerveau des légiflateurs la
penfée d'un Dieu terrible ? un tyran
gagne-t'il les cœurs ? peut-on aimer
celui qu'on craint ? fi Dieu fignale fa
bonté dans ce monde, s'il partage
également fes dons à tous les hommes,
pourquoi leur ferait-il du mal dans un
autre monde ? fa conduite dans celui-
ci annonce-t'elle qu'il en tiendra une
autre après la mort ?

LES ÉTUDES.

Qu'on prodigue bien inutilement les anneés d'or de l'homme par les études , dont on l'amufe l on ufe fans épargne le matin de la journée qu'il refte fur la terre à remplir fa tête de chofes étrangères à la vie ufuelle & à fon bien-être.

Dès les premiers cris de fon enfance on fait taire la langue de la nature , qui voulait s'accentuer fur fes lèvres naiffantes , pour lui apprendre , je ne fais quel mauffade idiôme qu'il ne faura jamais qu'imparfaitement. *Jean Jacques* , ce Philofophe , que la raifon pourrait quelquefois réclamer , ne parait pas fur ce fujet plus conféquent que tous les hommes fes ennemis. Aux côtés de la mere *d'Emile* , je vois fa douce impatience hâter l'inftant de l'accouchement pour fe charger plutôt de l'élève ou de l'homme qu'il doit donner à la nature ; mais

D 4

tient-il l'enfant de son imagination dans ses bras, il en étouffe aussitôt les accens naturels & se presse, comme les autres, de lui dévéloper l'inutile pauvreté de son idiôme.

L'homme doit naître avec un langage qui lui soit propre, ne pourrions-nous pas, sans nous arrêter davantage au merveilleux de la tour de *Babel*, retrouver la langue des hommes? l'Académie, qui propose des prix & des lauriers à des antiquités greques, ne pourrait-elle pas tenter de trouver cette première langue des hommes?

Les accens variés des oiseaux les distinguent autant que leurs différens plumages, tous les hommes ont un nez, des oreilles, je les reconnais à leur figure; mais dès qu'ils parlent, je marche parmi mes semblables sans les entendre : chaque fois que je change de chevaux de poste, j'ai besoin d'un autre idiôme, ou d'un dictionnaire pour me rendre intelligible ; dans vingt quatre heures il me faut dix volumes, & les entendre, pour demander les choses les plus nécessaires à la

vie ; & fi je tombe malade, je péris
faute de favoir le *Calepin Hollandais*.

La première langue eft-elle une de
celles qu'on parle aujourd'hui dans l'u-
nivers ? cette queftion eft celle d'un
fot, ou d'une Académie ; il n'eft permis qu'à un ftupide *Flamand* de bâtir
un *in folio* pour affurer que fon déteftable baragouin eft le premier ac-
cent du monde.

Les hommes ont-ils un langage naturel ? cette demande n'a pas befoin
de réponfe ; une focieté ne peut fub-
fifter fans langage. La langue de la
nature doit être fimple & lente à apprendre ; cette lenteur eft néceffaire
pour nous donner des notions plus
claires des objets qui nous enviro-
nent & former plus folidement notre
intelligence : avec cette langue nous
ferions peut - être moins agréables,
moins étourdis & beaucoup plus tard
des gens de l'extrême bonne compagnie : mais le bon fens vaut bien
l'avantage d'être étourdi ; nos agrémens & nos bonnes compagnies font
caufe que nous ne pouvons jamais être

avec nous-mêmes ; il nous faut toujours des vivans ou des morts, cette nécessité est bien triste

Si ces courtes réflexions, que je fais peut-être dans un moment où je déraisonne, n'apprennent rien à l'humanité, elles prouveront au moins l'inutilité d'apprendre aux enfans une autre langue que celle de leur pays & condamneront l'usage abusif d'user leur tems à des études inutiles à la Société.

Que de bêtises n'entassons nous pas dans la mémoire des enfans ? à quoi leur sert notre métaphisique ? ne vaudrait-il pas mieux leur donner une idée de l'anatomie ? on leur enseigne à connoître la carte, la sphère, le blason & on leur laisse ignorer la structure de leur corps , si nécessaire à leur conservation & à la gloire de l'Etat. Pourquoi ne pas leur donner un précis des maladies, qui affligent plus ordinairement les hommes, leurs tableaux, leurs symptômes, les simples qui les guérissent, les soins que l'on doit prendre de la santé, comme il faut se conduire étant malade ? car les infirmes font prefque tous des enfans : ils confultent le médecin , l'apoticaire & les fœurs du pot.

Dans ce cours d'étude nécelfaire à la vie , on peindrait aux enfans avec les couleurs *d'Efculape* les fuites facheufes de l'ivreffe & de la débauche ; la crainte les rendrait fobres & continents. Ces connaiffances ne feraient-elles pas plus utiles que l'animal du côté de la chofe ou de notre côté.

Les univerfités font inutiles , les villes où elles font établies font la plûpart fans commerce & fans action.

Les univerfités font tomber les bras du peuple ; l'aifance de faire apprendre le latin à bon compte aux enfans donne des idées riantes aux peres & meres ; les appointemens & le fafte petit & comique des Docteurs achèvent de leur faire tourner la tête.

Cent mille hommes organifés pour agiter la navette , ou robuftement conftitués pour fendre le fein ingrat de la terre, quittent le métier ou la charrue de leur pere pour augmenter les univerſités ou pour les ſervir. Un peuple immenſe de grédins ou de paiſans ſacrés , parait -tout-à-coup ſur les bancs des écoles & des gens néceſſaires aux arts utiles déviennent les gargotiers & les valets de chambre des ſuppots des académies.

La logique , ce petit ſavoir encore adoré dans nos univerſités de province , eſt la honte durable de l'eſprit humain : a-t-on pu croire que l'art du ſillogiſme était le grand inſtrument de la raiſon ? ſi nous faiſons reflexions „ ſur les actions de notre eſprit , dit „ Mr. *Locke* , nous trouverons que „ nous raiſonnons mieux & plus clai- „ rement lorſque nous obſervons ſeu- „ lement la connexion des preuves , „ ſans réduire nos penſées à une rè- „ gle ou forme ſillogiſtique ; auſſi vo- „ yons-nous quantité de gens , qui „ raiſonnent d'une manière fort net- „ te & fort juſte , quoiqu'ils ne ſa- „ vent (point faire de ſillogiſmes en „ forme. Quiconque prendra la pei- „ ne de conſidérer la plus grande par- „ tie de *l'Aſie* & de *l'Amerique* , y

„ trouvera des hommes, qui raifon-
„ nent peut être auffi bien que lui
„ fans avoir jamais oui parler de fil-
„ logifmes. Si le fillogifme était le
„ meilleur moyen de mettre notre
„ raifon en exercice, Dieu fe ferait
„ contenté de nous donner d'abord
„ des pieds & des mains & eut laiffé
„ à Monfieur *Ariftote* le foin de nous
„ rendre raifonnables. „

Cet argument de *Locke*, que la raifon infpire aux hommes, n'a pas encore interrompu dans de certaines
univerfités les plates queftions & l'u-
fage ridicule de difputer : *fi Pierre eft
Jacques, ou fi Pierre n'eft pas Jacques ?
fi l'on peut être le même jour pendu à
Rome & marié à Paris ? fi le mot* Blictri
*hors ou dedans la propofition peut figni-
fier quelque chofe ? fi la nature angélique,* fpecificè fumpta, *eft univerfelle
dans l'hypotefe de* St. Thomas ? *fi le défir inné de la connoiffance de la Méta-
phifique a été la caufe de la chute* d'A-
-dam ? *fi l'arbre de* Porphire *eft bien certainement l'arbre fameux de la connaiffance du bien & du mal, que Dieu avait*

mis dans le jardin d'Eden ? *an præter esse reale actualis essentiæ, sit aliud esse necessarium quo res actualiter existat?* il est inutile de traduire cette question de *Suarès*, dit un *Anglais*, parce que ceux qui n'entendent pas le latin la comprendront autant que ceux qui l'entendent.

Le *Jacobin*, *Thomas*, docteur angelique & le bœuf de l'école, selon *Albert le petit* (1), est fort cité en logique : c'est d'après lui qu'on soutient : *que la nature ne fournit des femmes que lorsque l'imperfection de la matière n'a pu parvenir au sexe parfait.* Que ce raisonnement est pitoyable ! la nature en travaillant à sa conservation n'aurait-elle pas pour but de produire l'être sans lequel elle ne peut se conserver ? on soutient encore d'après les SS. Pères, qu'Adam *avant sa chute était avantagé d'une faculté généra-*

_____

(1) Le frère *Albert*, *Jacobin*, fut surnommé *le grand* dans un siècle où tout était petit ; il a laissé aux *Dominicains*, ses héritiers, soixante *in folio*, où il y a moins de bon sens, de gout & d'esprit que dans un Almanach chantant.

rative conſtante & non interrompue. Nous avons perdu cette continuelle faculté prolifique , nous n'en voyons plus qu'une faible image dans les *Cordeliers* & les *Carmes* du grand couvent.

C'eſt avec ce profond ſavoir , appellé , *la clef des Sciences* , qu'un jeune homme ouvre la porte du temple du *Gout*. La théologie , qui jure toujours par ſon grand *Thomas* , ſoutient encore dans nos Univerſités borgnes les queſtions , dont ce docteur angélique & déraiſonnable a déshonoré l'eſprit humain. Nos Rabbins de *Sorbonne* , éblouis du compliment lêché d'un Crucifix de *Naples* , s'imaginent que *Thomas* a compoſé ſous la dictée du *St. Eſprit*. Il ne faut qu'entendre l'Angélique pour être convaincu qu'il cherchait quelquefois à deshonorer le Créateur. Il demande : *ſi Dieu aime mieux un Ange poſſible qu'une mouche actuellement exiſtante ? ſi les Anges ont le matin une connoiſſance plus claire des choſes que l'après midi ? ſi chaque Ange entend ce qu'un Ange dit à l'autre ? ſi les Anges paſſent d'une extrémi-*

té à l'autre fans paffer par le milieu?
fi un Diable peut en illuminer un autre?
fi la création du monde a été finie en
fix jours, à caufe que fix eft le nombre
le plus parfait, ou fi le nombre fix eft
le plus parfait parce que la création a été
faite en fix jours ? fi les faints reffufci-
teront avec leurs inteftins ? s'il y a un
inftant dans la génération divine ? cette
propofition : *Dieu le Père hait fon fils*,
eft-elle poffible ? *Dieu a t'il pu s'unir per-
fonellement à une femme*, en cas que
Dieu fe communiquât à la nature cucurbite , comment cette heureufe & divine Citrouille précheroit-elle , ferait elle
des miracles ? fera t'il permis de boire &
de manger après la réfurrexion? le Paradis eft-il grand ? les Anges ont ils les
aîles bien longues ? que faudrait-il faire
s'il tombait une mouche , un bœuf, dans
le calice après la confecration?

Hiftoire

HISTOIRE

Du Révérendiffime & Illuftriffime Père *Chriftophe Choulaamba* Curé de la *Villette-aux-ânes.*

Il y avait à *la Villette-aux-ânes* un Curé, qui faifait joliment des Almanachs. Les *Anglais*, toujours fiers, capricieux & brouillons, vénaient manger nos pommes de terre jufqu'à *Paris.* Le Roi de *France* avait béfoin de malédictions pour chaffer de fes Etats les Dogues *Britaniques.* Dans ce tems-là on arrêtait une armée avec un anathème, on faifait taire le canon avec celui de la meffe ; c'eft un fécret que les Papes ont perdu. *Choulaamba* avait les meilleurs malédictions du Royaume, le Roi était curieux de les avoir de la prémière main.

E

Sa Majesté s'ennuiait dépuis longtems d'avoir à la coùr la plate figure
d'un riche *Butor* ; pour s'en défaire,
Elle le nomma Ambaſſadeur extraordinaire à la *Villette-aux-ânes*. Le *Butor* dévait répréſenter *Sa Majeſté*;
pour annoncer l'opulence, la grandeur de ſon maître il fit acheter beaucoup de bêtes, prit les gueux les
mieux tournés de *Paris*, fit galonner
& barioler beaucoup d'habits. Le
jour qu'il partit pour l'ambaſſade, la
cour vint voir paſſer les bêtes & examiner la beauté des gueux.

La marche commençait par un
Suiſſe, le plus gros des *Treize-Cantons*;
il avait une paire de mouſtaches à ravir ; les Dames convenaient qu'elles
étaient du dernier mieux, de la bonne faiſeuſe & ſuperlativement noires.
Un *Timbalier*, *quatre Trompetes*, en
habits bleus, paremens verds, gal-
lonnés deſſous & deſſus toutes les
coutures, précédaient cinquante Chevaux dé mains, tenus par cent pal-
freniers, qui allaient à pied crainte de
fatiguer les chevaux. Trois Fripons

d'Intendans , habillés d'un fin drap *Pompadour* broché d'or fuivaient les chevaux. Dix Pages de *Son Excellence*, en habits de gala , efcortaient quatre brillants carofles : le premier des ces carofles contenait dans la perfonne du Sécrétaire , toute l'intelligence de l'Ambaffadeur, le fecond était vuide, le troifiéme était exactement rempli par la rotondité de *Son Excellence Elle-même* , le quatrième avait cinq roius, encruflées de glaces : les cinq roues ne fervaient à rien, non plus que le caroffe ; mais felon l'étiquette des Ambaffadeurs, il faut toujours à leur fuite des gens & des caroffes inutiles.

La Cour trouva l'équipage merveilleux, divin ; certains courtifans affuraient que ce bon gout n'était pas de l'invention de *Son Excellence* : on riait, on demandait comment *Monfeigneur* s'acquiterait de fa commiffion? bon , difait-on, il fe formera en chemin avec les chevaux, les bêtes s'entendent ; au refte il a un fécrétaire fort habile & fes inftructions digérées comme ça. Cette proceſſion arriva à la porte du Curé de *la Villette-aux-ânes*. L'Ambaſſadeur fût reçû par les marguilliers de la paroiſſe : le *Magiſter* à la tête & la ſervante du Curé à la queue. On conduiſit *Son Excellence* à l'audience ; le Curé fit ouvrir les deux bâttans de ſa cuiſine & l'Envoyé le harangua ainſi :

CHER & BIEN AMÉ.

„ Le Roi, mon maître, a béſoin de
„ vos malédictions ; les *Anglais* vien-
„ nent manger nos pommes de terre
„ juſqu'à *Paris* ; *Sa Majeſté* m'ordon-
„ ne de vous conduire en triomphe
„ à la Cour pour maudire les *Anglais*
„ dans ce monde ici & dans l'autre. „
Le Curé, ſans répondre à l'Ambaſ-ſadeur fit fermer à l'inſtant les deux battans de ſa cuiſine. Ce procédé étonna le repréſentant du Roi des *Gaules*. Les deux Sécrétaires confé-rèrent enſemble ; celui du Curé ſe plaignit que ſon maître ayant le droit de porter un bonnet & des talons

rouges, l'Ambaſſadeur dans toute ſa harangue ne l'avait pas honoré d'un petit mot *d'Eminence* ; il proteſta qu'on n'aurait pas les malédictions du Curé, ſi l'on ne rendait à ſes talons rouges les honneurs, qui leur étaient dus. L'Ambaſſadeur fit répondre au Sécrétaire du Curé qu'il n'y avait pas un ſeul mot *d'Eminence* dans ſon catéchiſme d'ambaſſade, qu'il ne pouvait ſans encourir les diſgraces du Roi ſon maître, s'écarter d'une virgule de ſon catéchiſme hiſtorique ; qu'il allait cependant en inſtruire ſa Cour.

L'Ambaſſadeur dépêcha un courrier extraordinaire. On fut ſix mois à chercher les moiens d'accommoder la Cour de *Verſailles* & le presbitère de la *Villette-aux-ânes* ; on conſulta le méchant dictionnaire de *Trévoux*, le méchant dictionnaire de *l'Académie* & tous les méchans dictionnaires pour trouver un mot qui ne fut, ni figue, ni raiſin. Pendant qu'on fouillait dans les dictionnaires, les *Anglais* mangeaient les pommes-de-terre & dévaſtaient la *France*.

Preſſé d'avoir des malédictions, on tint un conſeil extraordinaire. Un commis du bureau de la guerre, qui connaiſſait le protocole de la vanité, les petites étiquettes & les ſimagrées des Cours, dit qu'il ſallait pour accorder le tître *d'Eminence* au Curé de la *Villette-aux-ânes*, ſans compromettre la majeſté du Trône, obliger *Sa Révérence* à donner à ſes talons une ligne & demie de hauteur plus qu'aux talons ordinaires des Curés & que les ſuſdits talons ſéraient couverts d'une peau de maroquin rouge; que l'Ambaſſadeur vérifierait la hauteur, la couleur des talons, en prendrait acte, dreſſerait un manifeſte qu'on enverrait à toutes les cours ſouvéraines de *l'Eurôpe*; qu'alors on prodiguerait ſans riſque & avec plus de fondement le titre *d'Eminence* à Mr. le Curé de la *Villette aux-ânes*.

L'Ambaſſadeur, ayant exactement rempli les vues de ſa Cour, méſuré avec la dernière préciſion les talons du Curé, vérifié leur couleur, il lui donna de *l'Eminence*. Le Paſteur, enflé comme un balon & satisfait de la *France*, assura l'Envoyé que ses malédictions étaient au service du Roi son maître.

L'Ambassadeur déploya les présens que la Cour envoyait au Curé. Il lui donna entr'autres un beau bréviaire de *veau*, doré sur tranche, en lui disant ; comme *Sa Majesté* est très pérsuadée que vous ne dites pas votre bréviaire à cause qu'avec quatre cent mille livres de bénéfices, il n'est pas naturel que vous eussiez la faculté & les moïens d'acheter un bréviaire ; Elle vous prie d'agréer cellui-ci de sa main royale & bien-faisante. Voici deux lits jumeaux pour *Votre Eminence* & sa gracieuse gouvernante. Le Roi, mon maître, est un souverain trop galant pour oublier les Dames, voici encore une belle paire de cornes d'un cerf, que *Sa Majesté* a pris dans la forêt de *Fontainebleau*. Ces cornes indisposerent la maitresse de Mr. le *Curé* ; mais le sécrétaire de l'Ambassade, qui était d'une très jolie figure, raccommoda cette affaire en couchant avec elle.

Son Eminence fit de beaux préfens à l'Ambaffadeur.; elle lui donna un des cailloux, qui avait affommé *St. Etienne*; un morceau de la corde, qui avait étranglé le bon larron.; une dormeufe & un cabriolet de la Ste. Vierge; un morceau de l'oreille de la vraie croix, & deux chauffoirs des onze-mille vierges.

Le Curé de *la Villette* partit avec l'Ambaffadeur & le cortège. *Son Eminence* était montée fur un âne. En chemin *St. George*, patron de *l'Angleterre*, fe préfenta vis-à-vis de la monture du Curé, lui offrant deux bottes de foin. L'animal, qui avait fon libre arbitre, arrêta au milieu du chemin, indéterminé, comme on dit dans l'école, laquelle des deux bottes il choifirait: fon maître l'accablait de coups de fouet. L'âne pour prouver l'excellence, la vérité du libre arbitre & faire triompher la *Sorbonne*, lui dit d'un ton vraiment doctoral „ pourquoi me frappes-tu ? j'ai mon libre arbitre. *St. George* apparût alors au Curé & lui dit : ne t'avife point de maudire mes *Anglais*, tu fais que j'ai coupé le bout du nez à mon confrère *Dénis* ? tu n'es pas mon confrère, Je te le couperais tout entier pour faire enrager ta gouvernante. Ce colloque de l'âne & de *St. George*, fe tint, dit l'hiftoire, au milieu du cortège, devant l'Ambaffadeur, & perfonne ne l'entendit ; cela parait incroyable ; cependant celui, qui a fait cette hiftoire a de l'efprit, on affure même qu'il ne ment jamais.

Le Curé de la *Villette-aux-ânes* arriva à la Cour ; il avait encore un pied dans l'étrier, qu'on commençait déjà à tirer fur lui. Ce Prélat, difait on, vient-il réfider à la Cour ? n'avons. nous par .affez de ces réfidents à cheveux plats ? quel mauvais gout ! le Roi va t'il donner dans les prêtres ? ces gens-là ne font point bons à faire des amis, difait Mr. le Comte *de Tourné*, gentil'homme ordinaire de la chambre · Sa Majefté, difait un

autre , a beaucoup d'intelligence , un
bon fens droit, Elle voit auffi bien &
mieux que fes miniftres , mais Elle n'a
pas affez de confiance en fes talens ;
la bonté de fon cœur l'empêche quelquefois de fuivre les iumières de fon
éfprit ; avec autant d'humanité qu'elle
en a , elle fe pafferait bien de Miniftres , fi elle le voulait & encore mieux
de prêtres.

On conduifit Mr. le Curé fur *l'ob--*
fervatoire , ornée ce jour-là des plus
belles tapifferies des *Gobelins. Chou-*
laamba, dans la crainte de déplaire au
fier *St. George* , combla les *Anglais*
de bénédictions. Le Roi & la Cour
fe moquèrent du Curé ; fes almanachs
fûrent décriés ; les libraires , qui ven-
daient fes guides-ânes , n'y perdirent
rien , ils débitèrent en réyange cent
mauvaifes plaifanteries , qui courûrent
fur fon compte. *L'art de faire des*
garçons & des filles & de les bâtifer
chrétiènement, dédié à la fervante de
Mr. le Curé de la *Villette-aux-ânes*:
Entrétien de Mr. l'Abbé Grifet, *grand*
Pénitencier de Nôtre Dame ; du Curé

de la Villette aux ânes *& de son âne*,
sur la nécessité d'excommunier les Comé-
diens & de bénir les Anglais : *l'Enfant*
trouvé , ou le tourne-broche du Curé *de*
la Villette -aux - ânes : *l'Art de porter*
son bréviaire , sans le dire ; *ouvrage très*
comode pour le Curé *de la* Villette-aux-
ânes.

Le Curé honteux d'être hué, per-
sifflé de la Cour, de la Ville , & de
la Province, demanda quelques jours
après une audience particulière des
Ministres, à qui il tint ce discours:
» si je n'ai point maudit les *Anglais* ,
» vous dévez en lavoir gré à ma po-
» litique ; les malédictions des prê-
» tres & les bénédictions des Démoi-
» felles du monde , ont à peu-près les
» mêmes succès ».

» Vous avez cédé , Messieurs, aux
» Corsaires *Brétons* , certain pays où
» il tombe beaucoup de neige & où
» il croit beaucoup de poil. Pour
» degéler le cœur des nouveaux con-
» quérans de ces contrées glacées &
» les empêcher de manger vos pom-
» mes de terre , j'ai un expédient bien

» plus fûr que les malédictions, que
» vous démandiez : envoyez au *Ca-*
» *nada* vos filles de théâtre ; la *Gau-*
» *thier*, qui fe panche en avant fur
» les planches, afin d'exciter l'admiration des fpectateurs, coutume
» qu'elle obferve encore en touchant
» à fon douzième luftre, réuffira
» mieux au *Canada* qu'à *Paris*, où le
» foin d'étaler les charmes flétris de
» fa gorge, lui a rarement concilié
» la bienveillance du Parterre ; Ma-
» damé *Le Kain*, qui fait cent infi-
» délités par an en *Europe*, en fera
» trois cens en *Amérique* ; Mad'lle
» *Mouche*, qui eft honnête & qui
» commence lentement & voluptu-
» eufement fa fortune par la pièce
» *douze-Sols*, ne renchérira pas les
» denrées : Madame *Préville*, qui
» joue froidement fes rôles, les ren-
» dra encore plus froidement fur un
» terrein plus froid ; fon jeu la rap-
» prochera encore d'avantage du gout
» *Anglais* : Madame *Favart*, qui a
» fermé les yeux au Maréchal *de Saxe*,
» qui mourût dans fes bras, pour-

» ra règner feule fur les derniers fou-
» pirs de quelque Milord attaqué de
» confomption : Mad'lle *Clairon*, qui
» a ruiné des Barons *Allemands*, ne
» confultera point les Avocats pour
» ruïner les Barons *Anglais* : La***
» qui fe foule avant de rendre fes rô-
» les : La ** qui s'enivre après avoir
» danfé fur les planches de l'Opéra. „
» La La ... &c. &c. pourront ten-
» ter les honnêtes gens *d'Albion*,
» qui fe foulent comme les honnêtes
» gens du *Port au bled*.

» Pour réuffir plus aifément vous
» apprendrez à ces femmes à médire
» des *Français*, du *Pape* & à boire du
» *Punch*; c'eft la prémière éducation,
» qu'on donne aux *Anglais*. Les nou-
» veaux maîtres du *Canada* trinque-
ront & médiront avec elles, pren-
dront du gout pour elles, fe fixe-
ß ront dans leur conquête & ne vien-
» dront plus manger vos pommes-de
terre ».

On fuivit les confeils du Curé de la
Villette-aux-ânes, & en facrifiant de la

neige , du poil & des filles nous con-
fervâmes nos *Topimambours.*

St. George fâché de l'invention du
Curé de la *Villette-aux-ânes* jetta des
hauts cris dans le Ciel : je fuis un fot ,
difait il ; fallait il me fier à un prêtre ?
avais-je béfoin de faire la dépenfe d'un
miracle ? de faire parler une bête ?
mon pouvoir célefte appréhendait-il
pour les *Anglais* les malédictions d'un
homme ? Je n'avais qu'à rendre ces
malédictions infructueufes ; mais dans
le Ciel, comme fur la Terre, *on ne
s'avife jamais de tout.*

LES
MAUVAIS RAISONNEMENS
D E.
MA GRAND MERE.

MA *Grand - Mère* était la plus ba-
varde fémelle de la *Chine* & la plus
jolie femme de *Pekin* ; elle faifait des
enfans aufli régulièrement que fa
châte faifait des petits tout le tems
de fa groffeffe elle chantait poule à
mon *Grand-Père* , qui était un très
bon *Bon-homme*. Cette femme foutenait
avec toute l'opiniâtreté d'un Docteur
ultramontain , que l'infaillibilité humaine était le partage conftant de fon
fexe : oui, difait-elle , avec fa chaleur ordinaire, le fexe mafculin ne
raifonne pas : ce que je trouve de pla-
tement pitoyable dans ce monde le
plus miférable poffible, c'eft le bonheur offençant de ces chiens d'hommes , qui nous font des enfans avec

une tranquilité, qui vous donne de
l'humeur : Ont-ils fait cette béfogne,
ils ne font guères plus aux fuites, qui
doivent en réfulter, qu'aux neiges de
la prémière année de grace ; tandis,
helas ! que les remords du plaifir ron-
gent le fein d'une pauvre femme pendant neuf mois & finit par lui déchirer les entrailles. A peine le fruit
de notre douleur eft-il venu au monde, à peine nous félicite-t'-on d'en
être heureufement délivrées qu'on le
remet encore dans nos bras pour le
nourrir : pourquoi n'a t'on pas chargé
les hommes de cet embarras? nous
avions fait notre tâche, hafardé nos
jours aux incommodités d'une gros-
feffe, aux douleurs de l'accouchement;
pourquoi donc remettre encore ces
enfans fur nos bras? devons-nous les
mettre deux fois au monde ?

La dure moitié de mon *Grand-Père*
avait des idées auffi extravagantes,
auffi fingulières que les Philofophes
de nos jours ; elle prétendait que les
hommes dévaient nourrir leurs enfans : une luéur de raifon perfuadait

la

la fienne ; en faut-il davantage à une femme belle & entêtée pour la perfua- der que c'eft de la plus folide-raifon ? ma *Grand-Mère* était fans ceffe en- tourée des amis que fa beauté avait fait à mon *Grand-Père.* Ces jolis Meffieurs affuraient que Madame pen- fait jufte, deux ou trois gréluchons s'offraient même de démontrer fon fiftême. Une jolie femme fait faire aux hommes autant de fotifes qu'elle veut ; les plus fages-mêmes ne les em- pêchent guères d'en faire, parce que les fotifes des hommes fervent au tri- omphe de leur beauté.

Nous connaiffons les peines que nous avons de nourrir nos enfans, di- fait ma *Grand-Mere* ; c'eft le fexe le plus délicat qu'on a chargé de ce foin pénible. Pourquoi l'homme étourdi & inattentif ne s'eft-il point encore apperçu que la nature l'avait affujetti à ce travail comme les femmes ? la nature n'a t'elle pas donné des ma- melles aux hommes ? qu'on ne dife point que ces mamelles leur font don- nées pour orner leur figure, la natu-

F

re économe ne fàit rien d'inutile. Combien d'hommes ont plus de gorge que les femmes ? la plûpart des *Parisiennes* en ont moins que leurs Maris : plufieurs hommes tirent tous les jours du lait de leur fein, & fi l'homme a, comme fa compagne, des réfervoirs de lait pour nourrir fes enfans, ne doit-il pas partager avec elles la peine de les alaiter ?

L'expérience a démontré qu'il venait quelque fois du lait aux mamelles des vierges. On a vû des filles de quinze à feize ans préfenter leur fein à des nouriçons que leur mere avait confié à leurs foins : ces petits enfans à force de fuccer leurs mamelons, y attiraient du `lait. Cette découverte n'eft-elle point une léçon pour l'homme; ne pourroit-on pas faire venir du lait aux mamelles des mâles par cette efpèce d'inoculation fi fimple & fi naturelle ?

Quinze jours ou trois femaines avant l'accouchement de la femme on préfenterait au fein du Mari quelques nouveaux nés du voifinage cet enfant ouvrirait les réfervoirs de nourriture que la nature a dépofée dans leur fein comme dans le nôtre; un médecin habile pourrait aider cette opération par le moyen de certains rémèdes propres, & par là l'homme férait en état d'alaiter fon fils auffitôt qu'il ferait né. L'enfant nourri par le père & la mère trouverait la nourriture propre à fon tempérament.

La mère, occupée toute la journée à nourrir fon enfant, s'épuife de fang & de forces ; elle a béfoin pour les réparer du repos d'une nuit entière : Occupons les hommes à donner la nuit à téter à leurs enfans ; plus forts que les femmes, l'infomnie leur fera moins dangéreufe ; en nourriffant leurs enfans, ils les aimeront davantage. Les femmes les aiment dès le berceau, les hommes ne commencent guères à les chérir que vers l'âge de quinze ou vingt ans.

Mais comment, me dira t'on, un Préfident de la Grande-Chambre, ou un Confeiller des Enquêtes donneront-ils à téter à leurs enfans ? un foin de

la nature doit-il être facrifié aux fin-
geries de l'ufage ? le Préfident *à Mor-
tier* trouve bien le tems de manger ;
il remplit ce béfoin fans croire déro-
ger à fa gravité ; il fe fait un plaifir
de la table, qu'il s'en faffe un nouveau de nourrir fon fils. Si dans un
cas preffant l'on porte l'enfant de Mr.
le Préfident à l'audience, quelles fi-
magrées y aurait-il à Monfeigneur
d'ouvrir fa grande robe du *Palais* &
donner le fein à fon fils dévant des
Avocats, des Procureurs & des huis-
fiers ? les cris du poupon l'empêche-
raient peut-être de dormir à l'audience, & le foin de lui donner le fein
ne fera point capable de le diftraire
de l'attention, qu'il doit donner à la
caufe qu'un Avocat détaille, toujours
en braillant.

Pouffons la chofe plus loin, difait
mon inconcevable *grand-mère*; quand
on porterait tous les jours au *Palais*
le petit Monfieur avec le fac-aux procès, le pain renchérirait il dans *Paris?* ces niaiferies feraient elles capables de dérider le front glacé d'un

être capable, qui fiége aux enquêtes?
Si les femmes le veulent efficace-
ment, les hommes ne tarderont point
à partager avec elles la gloire de nourrir leurs enfans; & fi ce foin déve-
nait de l'extrême bonne compagnie,
les petits-maîtres, les agréables dé-
viendraient fubitement les nourrices
de nos enfans ; le plaifir d'en conter
aux jolies femmes leur ferait faire bien
d'autres fottifes.

'Qu'il ferait plaifant, ajoutait ma
grand-mère, de voir les bavards du
Palais Royal apporter leurs enfans au
pied de *l'arbre de Cracovie* ! les affaires d'Etat, fur lefquelles ils raifon-
nent fi gauchement, n'en iraient pas
plus mal.

C'était ainfi que ma *grand-mère* dé-
raifonnait perpétuellement ; pour fe
mettre à la mode, elle parlait auffi
de réligion & avait fon fiftême comme
un autre. Dieu n'a donné, difait-elle, que l'inftinct & le néceffaire à
l'homme ; c'eft répondre au vœu de
la création que d'obéir à ces deux
bienfaits, parce que l'inftinct & le

nécessaire sont les Apôtres que Dieu
nous a donnés, c'est par eux seuls qu'il
a parlé aux hommes; si Dieu avait
parlé autrement il aurait parlé à mon
grand-père? je sais, mon ami, me di-
sait-elle, qu'il n'a jamais parlé à ton
Aycul; si tu doutes de ma sincérité,
demande à tous ceux, qui ont encore
leur *grand-père*, si le bon Dieu leur a
parlé; s'ils te disent que non, con-
clue naturellement que l'Etre suprê-
me n'a parlé à personne & que la tra-
dition n'est pas si bien établie que le
Curé de la paroisse veut nous le faire
croire.

Pour rendre les hommes honnêtes
gens, laissons les livres, ils n'ont jamais rendu personne meilleure; bor-
nons-nous à dire aux hommes; le
monde a été créé par un être intelligent; cet être est Dieu, nous devons
l'adorer dans ses ouvrages & le remer-
cier dans ses bienfaits: nous sommes
sur un petit brin de sable pêle-mêle
avec mille animaux différens, les uns
ont des plumes; les autres n'en ont
point & presque tous ont du poil &

des griffes ; les gros mangent les petits & tout ce qui eſt faible eſt à la
merci du fort. Parmi tant d'animaux,
nous en rémarquons certains , qui
ſont huchés ſur deux pieds ; les uns
ſont gris , blancs , noirs , baſanés ; ils
ont des oreilles courtes , un nez plus ou
moins long , une bouche , une groſſe
tête. Ce ſont des hommes , ils nous
reſſemblent , aimons ces animaux ,
c'eſt la théologie de l'homme , celle
de la nature & la ſcience du Ciel.

Pour rendre les hommes plus parfaits , ôtons les Curés de nos villages ,
remplaçons les par un médecin habile , qui ſoit en même tems le chirur-
gien & l'apoticaire du hameau ; qu'il
veille conſtament à l'inſtruction & à
la ſanté des paiſans ; leurs jours nous
ſont précieux ; les paiſans ſont nos
pères - nouriciers. Dépouillons les
Temples des images de la ſuperſtition ;
mettons à leur place l'image de la *Pro-
bité* & l'embléme du travail ; ajoutons-
y les portraits *d'Henri IV*. de *Louis
XI*. & de notre excellent Roi *LOUIS
XV*. Ne perdons plus le tems de nos

païfans à leur chanter des Cantiques grecs, qu'ils n'entendent point ; à leur prêcher un *Feu grégois*, nommé le *Purgatoire*, où fous le prétexte merveilleux de foulager les hommes qui ne font plus, on vole l'argent de ceux qui en ont béfoin pour exifter. Comment cette friponerie, imaginée par le *Moufti Grégoire*, a t'elle pû durer tant de fiècles ? combien n'a t'elle pas engraiffé de milliers de Moines ? que nous avons été longtems bêtes ! nous le fommes encore, nous aimons la Vérité, nous la voyons & nous ne voulons pas la fuivre.

Video meliora, proboque,

deteriora fequor ...

On confacrera le *Sabbat*, ou un autre jour de la fémaine au repos & à la récréation : à huit heures du matin on affemblera le Peuple ; le Médecin rémerciera l'Etre fuprême de fes bienfaits ; la prière durera un quart d'heure, après quoi il fera un difcours fur l'amour que nous dévons à Dieu , les dévoirs envers le prochain , ou d'autres sujets de morale. Cette cérémonie se terminera par un cantique en vers sur les merveilles de la Nature, ou sur des sujets utiles à l'humanité.

L'après midi on fera une prière plus courte ; l'encens d'un cœur juste suffit à l'Etre que nous adorons. Le Médecin lira une differtation utile à l'agriculture , après quoi l'on fera vénir des violons pour réjouir la paroisse : les garçons s'exerceront à remporter quelque prix d'adreffe , & cet exercice , où les filles affifteront , sera couronné par un bouquet que la plus belle ou la plus fage donnera au garçon le plus adroit & le couronné ouvrira le bal avec celle qu'il aimera davantage.

La fête du Souverain fera chomée. Le Médecin prononcera un difcours fur l'obéiffance qu'on doit aux loix & au Monarque ; il finira par une prière pour la confervation des Jours du Roi & la profpérité de l'Etat. L'après midi on diftribuera deux médailles d'argent, l'une à la fille la plus fage, l'autre au meilleur laboureur. Ces prix feront mieux fondés que ceux de nos Académies qui couronnent des Differtations fur la longueur des éguilletes des Heaumes Romains fous l'Empercur *Caligula*; la couleur des caleçons des Dames *Bulgares*, quand ce peuple demanda au Pape *Nicolas* la permiffion de porter des caleçons (1).

Chaque mois le Médecin lira à l'affemblée une differtation fur les dangers de l'ivreffe & de la débauche, la conduite que doivent ténir les malades, les maladies courantes & les

_____

(1) Mr. *de Fleury* affure dans fon Hiftoire Ecclefiaftique, que *les Bulgares* confultèrent le Pape pour fávoir fi leurs femmes pouvaient en confcience porter des caleçons. Le Souverain Pontife à la tête de la congrégation des Rites, ayant examiné la longueur, la largeur & la profondeur des caleçons des Dames *Bulgares*, décida, que l'Eglife, comme une tendre Mère, fenfible au bien-être de fes enfans, permettait aux Dames *de la Bulgarie* de porter le caleçon.

moïens de les éviter. Après l'office
du matin , les laboureurs les plus ex-
périmentés & les anciens s'assemble--
ront pour le bien de la paroisse. Dans
chaque village on aura une maison
propre & bien˙aérée pour les infirmes. Dans les villes & dans les campagnes , on enterrera les morts la
nuit sans éclat & sans tintamarre, à-
peu-près comme on cure les commodités dans les villes. Il ne faut point
attrister les vivans par l'envie de cha-
touiller inutilement la vanité , des
morts. Notre grand respect pour les
cadavres est une imbécillité qu'on peut
reprocher aux anciens qui aiment profondément la pourriture : dès le moment qu'un homme est expiré, ce
n'est plus un homme ; ce qui consti-
tue véritablement l'homme est l'union ,
ou le jeu du corps & de l'âme. Rendre des honneurs à un cadavre , est
une bétise qui fait rire la raison.

Ces idées succintes donnent un fond
inépuisable pour faire le bien. Les
hommes ne sont pas si méchans qu'on
le pense ; s'ils étaient effectivement

méchans , ce fiftême les rendrait plus vrais, plus conféquens & meilleurs : ils n'auraient que deux préceptes, ils les rempliraient plus aifément que cent obligations, dont la *fuperftition* les a garottés. Les Sermons du Médecin dépouillés du merveilleux , nourris de chofes utiles au bónheur commun, les affecteraient davantage que le barbouillage qu'on leur fait de l'autre monde & de celui-ci. Les Moines , qui tremblent pour leur pot au-feu, vous diront peut-être que le peuple s'égorgera : ne croïez point les Moines ; plus le peuple fera éclairé, plus il fera humain. Les Philofophes , les amis de la *vérité* ne s'égorgent point, il n'y a que les Moines qui fe mangent & la Sainte Eglife qui fait des *Auto-da-fé.* Si l'on craint dans les prémiers jours de la reforme quelque violence de la part des fanatiques, redoublons la marchauffée ; ces Mes-fieurs rouges & bleus font plus d'effet & de bien, que les Miffionaires & les Stationaires gris & noirs, gris &

blancs , blancs & noirs , noirs & blancs
& les tout-a-fait noirs.

Ma *grand-mère* avait des idées fort
originaires fur la *Vérité*: quels attraits
difait-elle , cette Vertu peut elle avoir
pour les hommes ? que peut-elle gagner en leur montrant fon vifage fec
& auftère ? voulez-vous , me difait-
elle , vivre heureux fur la terre ,
mentez autant que les forces humaines pourront vous le permettre ; c'eft
par là que vous plairez fûrement aux
hommes : un de mes amans fut longtems méprifé de fes femblables parce
qu'il était vrai ; il effaie de leur plaire , il mentit & le premier menfonge
lui procura vingt amis , deux maîtres-
fes & mille hommages de la bonne
compagnie , dont il était la veille la
bête noire & le fléau.

Tant que vous rencontrerez des
hommes , ne dites jamais un mot de
Vérité ; ne parlez le langage de cette
vertu qu'avec votre perroquet & encore prénez garde , fi les mouches de
la Police vous entendent, vous êtes
perdu.

La *Vérité* ne connait ni la douceur de la complaisance, ni les petits soins de l'amitié ; son organe dur & rauque ne fait qu'étourdir notre bonheur ; le mensonge au contraire, fait pour aller terre-à-terre avec nous, s'accommode à nos caprices & sourit souvent à nos folies ; son air affable nous captive, ses complimens nous flattent & lui seul fait répandre adroitement des fleurs sur nos jours.

L'espérance, qui console les malheureux, n'est autre chose que le mensonge officieux qui trompe agréablement son esprit pour enchaîner sa douleur : lui seul, comme un bienfaiteur zèlé lui peint un avenir flatteur. Un prisonnier avec la *Vérité* pour compagne n'aurait d'autre perspective que le désespoir.

Les *Romains*, ces peuples si éclairés sur la politique, ont fait du mensonge la gloire & le bonheur de leur République ; des poulets sacrés, des Vautours, des corneilles, prophétisaient le sort des armes & ces mensonges, adroitement ménagés, furent les premiers inſtrumens de leur grandeur & de leurs conquêtes.

Que ſerait la gloire de quantité des Héros , ſi l'hiſtoire vous racontait ſeulement ce que le ſort a fait pour eux ? quel hommage oſérions - nous rendre à tant de vainqueurs , ſi la *Vérité* nous montrait leurs faibleſſes , leurs cruautés , & leurs injuſtices ? avec le menſonge , ces hommes nous paraiſſent merveilleux. Les *Juifs* ſans les miracles de la politique de *Moiſe* , ne ſéraient que des brigands , des ingrats & des monſtres.

La *Vérité* détruirait toutes les Sociétés ; elle ſerait pour l'humanité le premier fléau du Ciel. Quelle honte n'aurions-nous point à nous montrer tels que nous ſommes? nous ſérions ſans doute épouvantables à nous-mêmes.

L'héritier avec le langage de la *Vérité* dirait à ſon père : vous n'êtes point raiſonnable , vous tenez groſſièrement à la vie comme un marchand de la rue *Saint Honoré* : comment après quatre vint dix neuf années d'exiſtence, vous ne quittez point encore ce monde ? j'attens avec impatience vô-tre fortune, les foupirs que vous m'oc-cafionnez font des langueurs homici-des, qui vous tueraient fi elles avaient la force de la poudre à canon : ah, mon cher père ! que le Ciel faffe au-plutôt de vous un Saint.

Le *menfonge*, plus utile que la *Vé-rité*, empeche des millions de crîmes que fon ennemie ferait commettre. La haîne, l'envie, l'interêt frémiffent prefque dans tous les cœurs, mais ces vices affreux n'ofent paraître; le *men-fonge* les empêche d'éclater, la bien-féance les enchaîne & le voile heu-reux de l'impofture les cache à la lu-mière du jour.

Quel éclat le menfonge ne répand-il pas fur notre deuil ! c'eft dans ces occafions qu'il triomphe & qu'il nous fert le plus fidélement. La triftefse des anciens était bornée à neuf jours, nous pleurons moins, mais nous men-tons davantage. La *Vérité* toujours dure nous dirait dans ces momens : c'eft le fang, les pleurs, qui doivent colorer
les

les cœurs que la mort divife ; ce font les larmes d'*Arthémife* que l'antiquité a vantées, l'âme de cette illuftre veuve était la lampe, qui *fe* confumait devant les cendres muettes de fon mari. Le menfonge, moins férieux, vole à nous avec des crêpes, des draperies & des pleureufes ; il nous fait adroitement préférer une trifteffe ordonnée à une trifteffe naturelle, qui ferait fans doute funefte à nos jours. Les anciens finiffaient leur deuil quand la nature avait fini ; nous autres au contraire dès que la nature finit , nous faifons fuccéder le deuil du menfonge & de l'opinion.

G

LES EMPECHEMENS
DIRIMENS.

Le Mariage, ce contract de la société, dont les gens crédules ont fait un sacrement, a conservé dans le pais de L*** les droits de la nature deréglée. Le pauvre sans vertu peut aspirer à la main de la richesse; la noblesse voluptueuse s'avilit avec dignité; le maître couronner le concubinage en épousant sa servante; la fille de quinze ans, obeïssant au premier instinct du penchant grossier, faire un parti insensé; & le fils ingrat ou imbécile conclure la honte des siens par le mariage libertin d'une *Vénus* vagabonde.

L'aisance de faire ces sottises attire dans ce païs quantité de jeunesse étrangère, qui vient y contracter des mariages indécens ou malheureux. Ce fut chés un Curé ignorant qu'un jeune Officier *Français* , épris des charmes chiffonés d'une petite fille vint terminer un mariage, qui occafionna le dialogue fuivant.

Le Pafteur n'étoit ni prêtre *Grec*, ni prêtre *Latin* , ni prêtre *Français* , il ne favait aucune langue. Son père avait été fermier de la Dame de fon village, la maladie des beftiaux l'avait ruiné ; la Dame, pour remettre le bon homme de fes pertes, s'était mife en tête de faire tomber à fon fils la Cure de la paroiffe ; elle y avait réuffi par le moien de quelques lettres de recommandation, où toute la fcience du Prêtre était cachetée. Le Curé ne pouvait remplir aucune fonction de fon état fans guide-ânes & fans almanachs. Il avait un mémoire pour fe conduire dans les cérémonies du mariage & les inftructions préliminaires à ce facrément ; il prit fon papier & dit à l'Officier & à la fille ; écoutez attentivement, voici de quoi il eft queftion, il commença à lire :

Empêchemens dirimens
Du très Saint Sacrément de Mariage,
par demandes & réponses.

Prémièrement, dit-il en s'adreſſant
à l'Officier, Mademoiſelle n'eſt-elle
pas votre ſœur? le Militaire, qui vit
que le Curé était un ſot, répondit:
je ne le crois point, mon Père était
cependant un grand P.... mais ce
brave gentilhomme n'a jamais ſorti de
ſa paroiſſe; il n'aimait point la guerre, il ne la fit jamais qu'aux lapins:
bon, bon, dit le Curé, je vous ma-
rierai, dans notre état nous n'aimons
qu'à gagner de l'argent: quand on
voit des gens couſus comme vous,
cela fait plaiſir, on gagne un ſol·
dans ce village on ne marie que des
gueux, Monſieur, & des gueuſes,
il n'y a rien à gagner, il n'y a rien à
gagner......
Après cette tirade, il demanda à la
fille ſi elle n'était pas la ſœur de l'Officier? non; répondit ſon amant, Mademoiſelle eſt la fille d'un chantre de
St. Quentin; ſon père ne ſortait du

Chœur que pour boire, il se tenait à
sa femme, ne donnait point dans le
cotillon, il se contentait seulement
de se souler deux ou trois fois le jour.
C'est un pêché d'habitude, répondit le
Curé, mais cela n'est rien, il faut
que chacun ait ses defauts.

Secondement, Mademoiselle n'est-el-
le pas votre tante au premier, au se-
cond ou au troisième dégré ? en ce
cas il faut envoïer de l'argent à Rome pour avoir des dispenses ; sans argent vous ne pourriez pas vous marier ; oui, de l'argent, il faut bien
que le Pape vive de l'autel ; *St. Pierre* dit expressément qu'il faut de l'argent : *Argentum & aurum non habeo ;
quod habeo, tibi do.* Le Pape, qui imite *St. Pierre*, a bésoin d'argent.

Troisièmement, n'avez-vous pas fait
d'enfans à cette Demoiselle ......at-
tendez..... ce n'est rien de faire un
enfant, il ne faut guères plus d'esprit
pour en faire un que pour en faire
cent ; le merite de faire des enfans
est le talent d'un âne..... mais voici le Diable, c'est le baptême, c'est-

G 3

à-dire de bâtifer un enfant : fi vous avez fait cette cérémonie, c'eſt un empêchement dirimant, *dirimantus*, *dirimanta*, *dirimantum*, à cauſe qu'un Père & une Mère ne peuvent donner la vie ſpirituelle & naturelle à leur enfant. Monſieur le Curé, dit l'Of-ficier *Français*, il n'y a que ſix ſémai-nes que je connais Mademoiſelle, el-le ne peut avoir fait un enfant : oui ' il ne faut pas tant de tems pour faire un enfant à une fille : je vois, je vois.... il n'eſt pas encore venu au monde.

Quatrièmement ; Monſieur, avez-vous tous vos membres, il faut des membres au moins pour ſe marier.... ne ſériez vous pas châtré'? l'Officier, que cette Comédie divertiſſait, lui dit : voulez-vous en juger, Monſieur, les pièces ſur le bureau ? le Curé, croiant que le Militaire allait lui mon-trer les objets qui lévaient le quatriè-me empêchement, ſe couvrit les yeux avec ſa ſoutane en criant à la Demoi-ſelle : ma fille cachez-vous avec vo-tre jupon : le plaiſant de cette avan-

ture, c'eft que le Curé, en levant fa
foutane, étala toutes les grandes nu-
dités du *Paradis-terreftre*. Le tableau
fit rougir la fiancée & fit étouffer de
rire l'officier. Le Prêtre croiant toujours que le Militaire étalait ce qu'il
craignait de voir, ne voulait pas baif-
fer fa foutane, il fallut un quart
d'heure pour le raffurer. Après cette avanture, il reprit fon cahier &
continua fes queftions.

. *Cinquièmement* : favez vous comme
l'on confomme le mariage ? l'homme
de troupe, curieux de fe réjouir, lui
dit qu'il n'en favait rien : tant mieux,
tant mieux ! fi vous en aviez tâté,
vous ne pouriez plus vous en paffer ..... comme vous allez vous marier il ne faut rien vous cacher, ni
fe fervir vis à vis de vous de paroles à double fens. Se tournant alors
vers la Demoifelle, il lui dit : écoutez ma fille attentivement, ceci vous
regarde : le mariage eft une chofe
honnête & les chofes qui fervent au
plaifir du mariage, de deshonêtes de-
viennent très honnêtes quand l'Egli-

fe a paffé deffus. Le Pape, les Con-
ciles & *St. Paul* ont inftitué le mariage précifément afin que les filles puiffent coucher avec les garçons ; c'eft
tout ce qu'il y a de beau dans ce Sacrement ; celà eft prouvé par l'Apôtre *St. Paul*, qui dit dans le *Gradus
ad Parnaffum : Stéphanum vidit cœlos
apertos* ; cela veut dire en *français*
que moïennant le mariage, une fille peut ouvrir les deux bras à un
garçon parce que *Stéphanum* veut dire
ouvrir & *cœlos* veut dire *bras*.

Dans le mariage l'homme eft obligé de rendre le devoir à fa femme &
la femme fcrupuleufement à fon mari, entendez vous cela, Mademoifelle ? prenez garde d'y manquer, le devoir ne fe fait pas à l'églife, le Prêtre ne donne autre chofe que la bénédiction du devoir ; c'eft comme s'il
difait d'avance, *Amen* ou *Ainfi foit il.*
Le foir de la nôce on danfe, quand
on a danfé on fe retire, les deux
époux couchent enfemble, on éteint
la chandèle, alors l'homme ..... attendez ..... comme me faire enten-

dre   ceci eft un peu verreux .....
l'homme fe place .... oh j'y fuis '
quand vous ferez couchés ..... cela
veut dire .... après tout c'eft à Monfieur à chercher ..... attrape qui
peut ..... tenez, tenez, j'y fuis .....
l'homme prend , comme on dirait le
goupillon quand je fais l'eau bénite ,
le met dans le bénitier ; alors c'eft
comme l'eau bénite, quand le goupillon eft dans le bénitier, l'eau bénite
eft faite. A propos, Mademoifelle,
une femme fage ne doit jamais regarder le goupillon, il faut faire cela, comme quand on joue à *Colin-
maillard.*

A çà, mes enfans, vous voilà in-
ftruits, à préfent avez vous le confentement de vos parens ? non, Monfieur, lui dit l'Officier ; mais ne pourriez vous pas, moiennant quelques
louis, paffer fur cet article ? des *louis*,
des *louis* ! oui, j'ai l'âme bonne, eh
bien à caufe que vous n'avez point
de confentement, vous donnerez chacun quatre *louis*, autant que vous
avez de pères & de mères ; des *louis*

valent bien un confentement : à propos êtes vous de ma paroiffe? non,
Monfieur : ne peut on pas raccomo-
der ce défaut avec des *louis*; vous me
paraiffez un brave homme, moiennant deux *louis*, je vous fais mon pa-
roiffien *ipfo facto.* Avez vous été à
confeffe? non : tant pis, mais
Dame ..., je ne cherchons point
tant, donnez moi encore deux *louis*,
je vous difpenferai d'être en état de
grace : quand voulez vous être mariés? aujourd'hui : c'eft près jour,
donneriez vous bien encore deux
louis pour être mariés toute à l'heure? de toute mon âme : comptez votre argent & fuivez moi à l'églife.
L'officier lui donna les *louis* promis &
le Curé les maria fur le champ.

Ce pafteur ignorant faifait chanter
dépuis quelques années un *Noël* impertinent, où lui ni perfonne de fa
paroiffe n'entendaient fineffe ni malice. Cet ouvrage indécent, s'il en
fut, était arrangé dans la tête du Curé & des paifans à coté de l'oraifon
Dominicale & je ne fais même s'ils ne

trouvaient pas plus d'onction dans l'impertinence du cantique que dans l'onction du *Pater*. Voici le poeme tel que la Dame du lieu me l'a donné. Je souhaite que cette anecdote fasse impression sur nos Evêques & qu'elle engage ces Seigneurs à choisir un peu mieux les prêtres à qui ils abandonnent le ministère sacré. Un Evêque qui ne se fatigue guères, se repose volontiers sur un grand Vicaire ; le grand Vicaire, qui ne veut point aussi trop se fatiguer, renvoie la besogne à un Président du Seminaire, qui n'est souvent qu'un Théologien ; & un Théologien est si peu de chose que le savoir d'un pareil homme est toute la science d'un Catéchisme bien fait & un peu étendu. Un Théologien sans esprit & sans lettres n'est souvent qu'un sot : tels sont à peu près ceux de *Louvain* & de *Douai*. Voici le cantique.

NOEL.

J'avais promis dévotement,
Dans le Temple ténant un cierge,
Que je n'aurais jamais d'amant
Et que je ferais toujours vierge;
Je ne fais comment, ni pourquoi,
Un greluchon reçût ma foi;
Mais c'eſt pour accomplir la loi.
Qu'en voulez-vous, qu'en voulez-
    vous, qu'en voulez-vous dire?
    En voulez-vous rire?
Mais c'eſt pour accomplir la loi?
Que voulez-vous donc dire de moi?

Joſeph eſt enfant du quartier
Même Tribut, même famille;
Il fait un fort joli métier,
Sa mine m'a paru gentille :
Mais il ſe garde, comme il doit,
De me toucher le bout du doigt
Car c'eſt pour accomplir la loi.
Qu'en voulez-vous, qu'en voulez-
    vous, qu'en voulez-vous dire?

En voulez-vous rire ?
Car c'eſt pour accomplir la loi ;
Que voulez-vous donc dire de moi?

～～～

Un jour en contemplation,
Les yeux baiſſés deſſous un voile,
Me vint la ſalutation,
D'un Gas plus brillant qu'une étoile ;
Et dans le moment je conçois,
Sans ſavoir comment ni pourquoi,
Mais c'eſt pour accomplir la loi.
Qu'en voulez vous &c.

～～～

La loi du Dieu de *Jéricho*
Ne ſe démêle qu'avec peine ;
Je dois donner un *populo*
Sans le ſecours de l'œuvre humaine
Sans douleur, ſans pleurs, ſans effroi,
Sans mettre l'honneur en défaroi ;
Mais c'eſt pour accomplir la loi ,
Qu'en voulez vous &c.

Jofeph, mon bénin compagnon ,
Dès qu'il s'apperçut de l'enflure,
Voulut me faire carillon
Et publier par tout l'injure :
Un Ange vint, lui dit : *tais toi*
Je veux que tu demeures coi
Car c'eft pour accomplir la loi.
Qu'en voulez vous &c.

Nous cheminons dévotement
Quand de mal la nuit je fus prife,
Dans une étable promptement
Je fis le berceau de l'églife ·
Deux pauvres bêtes , deux harnois
Nous échauffaient faute de bois ;
Mais c'eft pour accomplir la loi,
Qu'en voulez vous &c.

Après huit jours accomplis ,
Par une fuite du miftère ,
Un vieux Rabbin à cheveùx gris

Fit au poupon certaine affaire,
Il lui coupa, je ne sais quoi,
Ce n'était pas le bout du doigt
Mais c'est pour accomplir la loi,
Qu'en voulez vous &c.

Un matin l'on vint m'annoncer
Trois diseurs de bonne avanture
L'un d'eux fit l'enfant trémousser
Par sa noire & laide figure,
Ils portaient des présens tous trois,
On les appella les *trois-Rois*,
Mais c'est pour accomplir la loi,
Qu'en voulez vous &c.

Enfin après quarante jours
Au peuple pour donner l'exemple,
Sans me parer de vains atours
Un Dimanche je fus au Temple
D'un air uni simple & bourgeois
J'y portai deux pigeons cauchois
Mais c'est pour accomplir la loi,
Qu'en voulez vous &c.

Un vieillard nous accueillit,
Et careffant ma géniture,
Soudain fon horofcope il fit
Et lui prédit mainte avanture :
Puis en fautant il dit : *ma foi,*
Je vais mourir content de moi.
Car j'ai vû l'auteur de la loi.
Qu'en voulez vous, qu'en voulez-
vous, qu'en voulez vous dire?
En voulez vous rire?
Car j'ai vû l'auteur de la loi
Que voulez vous donc dire de moi?

LA

LA BIBLIOTHEQUE.

*L*A *Confeſſion auriculaire.* La Religion *Romaine* exige d'un pécheur la
confeſſion de ſes crimes. Que d'ingré-
diens pour être ſauvé ? chaque pas
que l'homme fait dans cette religion,
le recule du Paradis, ou il riſque de
ne point y aller. Une fille, qui laiſſe toucher ſa gorge, donne quelques
baiſers enflâmés à ſon amant, ou fait
naturellement un enfant ſans la permiſſion de ſon Curé, doit déclarer
cette action à un Prêtre, qui l'ex-
horte à ne plus faire d'enfans ſans
ſa permiſſion, ou ſans paier de l'argent à la ſacriſtie pour avoir le privilège d'obéir à la nature.

Cette fille doit gémir d'avoir laiſſé
toucher ſa gorge ; ſa douleur doit
égaler celle d'un homme qui a tué
ſon ſemblable, à cauſe que les Docteurs *Romains* ont dit qu'une belle
fille, qui laiſſe prendre des baiſers

tendres à son amant, commet un crime, qui donne la mort : *non datur
parvitas materiæ in re venerea.*

Ces Docteurs sont de grands meurtriers d'âmes : cette fille peut-elle se
pénétrer de douleur d'avoir gouté le
plaisir de quelques attouchemens ?
pourrais-je, après mille efforts, être
consterné d'avoir ouï une belle musi
que ? comment détester ce que le
cœur adore ? pourquoi cette fille fait-
elle un inventaire de ce qu'elle a de
plus secret dans son âme ? c'est que
le Prêtre tient la place de Dieu.
Dieu a t'il bésoin de procureur ? ne
lit-il point dans le cœur de cette fille ? la déclaration ajoute t'elle à la
douleur ? ne suffit-il point de se re-
connaître coupable aux yeux de
Dieu ? quel besoin de faire passer nos
sottises par les oreilles d'un homme
pour aller jusqu'à lui.

C'est un usage qu'on ne voit point
trop fondé ; c'est une chaîne pésan-
te, dont on a entouré les conscien-
ces ; elle a été forgée huit cens ans
après la religion : l'origine nous en

vient de certains chefs de Moines ;
ces Abbés, curieux de favoir ce que
penfaient leurs Frères, les affujetti-
rent à ce joug. Le fecrèt parut utile
& merveilleux à l'églife pour régner
fur les cœurs & comme elle a trouvé
cela bon pour elle, elle nous a forcé
à courber la tête fous ce joug. Nous
fommes obligés de faire quelque chofe
pour l'églife, les enfans obéiffent à
leurs marâtres.

La Religion naturelle eft la prémière
Religion de l'homme, les preuves
& l'éloquence de fon culte eft la raifon, fa Doctrine le miel doux de
l'humanité. La religion naturelle eft
la feule que Dieu ait écrite fur la
chair de l'homme, les cœurs juftes
font les Temples de cette religion ; la
nature en eft l'Apôtre, les bonnes
actions l'encens pur que l'on préfen
te au Seigneur. Son culte n'a pas
befoin de miracles pour fe foutenir,
d'oracles pour perfuader, ni de miftères pour ne point les entendre.
Cette religion eft fimple & unie comme la *vérité*. L'homme n'y trouve

que ces deux préceptes, *aime Dieu &*
ton prochain ; on entend cela fans ex-
plication & fans homélies dans tous
les climats.

La Religion naturelle a été le modéle de toutes les autres. L'un a écrit
fur la pierre ce qu'il avait apperçu
dans fon cœur ; l'autre a prêché fur
les toits ce qu'il avait lu fur la pierre. Un héros a couru dans la Lune
pour annoncer la charité aux nations ;
Numa plus heureux a compofé la fienne
fur le fein de la belle *Egérie* : *Confucius*
a été plus fage.

Il y a mille religions dans le monde, il ne peut y en avoir qu'une véritable. La première, qui eft la religion naturelle, doit porter inconteftablement ce caractère. Toutes les
religions dâtent d'un certain tems ; la
religion naturelle eft auffi ancienne
que le monde, elle date du premier
de l'an Un de la création, les autres
ne peuvent contefter fon antiquité.
Dieu en donnant le mouvement à
l'homme lui a donné neceffairement
une religion.

Les Adorateurs de la religion naturelle n'ont rien de petit ni de puéril dans leurs craintes, ils aiment Dieu, s'éloignent de l'injuſtice & ne diſent point, ſi nous faiſons cuire un œuf frais le Samedi, le Dieu de la milice de *Paris* & de *Meaux* nous punira : ſi nous mettons le Vendredi un morceau de dur gigot dans notre eſtomac, le *P. Pancrace*, Capucin indigne, aſſure que nous irons à tous les Diables : ſi nous buvons du vin, nous ne verrons plus les belles *Houris* aux yeux bleues, ſi nous mangeons du mouton noir, l'Ange de la *Perſe*, le St. Ange-gardien du mouton noir nous croquera. Les adorateurs de la Religion naturelle boivent du vin, font quelquefois cuire des œufs frais le Samedi, mangent des gigots le Vendredi, ſans craindre d'offenſer l'Etre puiſſant, qui a fait les moutons & les *Champenois*.

Le Proceſſionel, livre fort inutile. Nos cérémonies, nos proceſſions & le culte de nos Saints, copiés des Payens, ſont des ridicules de notre invention. *Ste. Génevieve* fait, dit-on, la pluie & le beau tems dans la Capitale ; quand les *Pariſiens* ſont quelques jours ſans voir tomber de la pluie, le beau tems les ennuie, ils prient cette Sainte pour avoir du mauvais tems, afin que le pain vienne en abondance. Les *Chinois*, les *Perſans*, les *Turcs* invoquent-ils *Ste. Génevieve* pour avoir du pain ? non, elle n'en fournit que dans la banlieue de *Paris*. Les enfans de *Lama* ont-ils du pain comme nous ? oui, .& pourquoi le demander à cette fille ? nous férions mieux de nous adreſſer à Dieu. *Génevieve* peut elle entendre nos penſées ? eſt-elle auſſi puiſſante que Dieu pour ſonder les cœurs & percer les reins ? Dieu, Meſſieurs les *Pariſiens*, pour obéir à vos fantaiſies eſt-il donc obligé de dire à votre Patrône quand vous piaillés après du mauvais tems ? » Généviève, les » badauts de *Paris* font fatigués de » ne pas ·avoir de la crôte ; mettés- » vous à genoux, implorés ma clé- » mence, car en vérité les *Parifiens* » font impertinens. Dépuis la créa- » tion du monde, je n'ai pas manqué » d'envoier du pain aux hommes, » des raves pour manger avec leur » pain ; malgré les raves & les foins » attentifs de ma Providence, ils » murmurent dès qu'ils ne voient » point leurs pavés mouillés. » En- fin quand on a bien crié de la pluie, Dieu nous exauce t'il à l'inftant : non   oui..... je vois, les cho- fes traînent d'abord en longueur com- me les affaires de ce monde : on at- tend ; la pluie qui vient toujours a- près le beau tems, arrive, & le mira- cle réuffit.

L'excellence du Jeune. Cet ouvrage eft· digne · d'un Fanatique ; vous

prêchés le Jeune, prêchés la Sobrié-
té ; ne détruifés pas la nature pour
plaire au maître de la nature. Croiés-
vous faire un cadeau à l'Etre fuprême en mangeant pendant fix femaines
d'excellent poiffon & en altérant la
fanté des paifans, qui jeunent affés de
ce qu'il n'ont pas ? à propos de quoi
affoiblifés-vous des tempéramens néceffaires à l'Etat ? êtes vous ennemis
de l'Etat ? l'Etre fuprême regarde t'il
dans votre eftomac pour fçavoir s'il
y a le Vendredi une cuiffe de cha-
pon, au lieu d'un morceau de Tur-
bot ? en fait d'eftomac, il faut laiffer
le privilége au Pape de regarder dans
celui des Capucins ; leur foupe, à ce
que difent vos Savans Théologiens,
lui appartient.

Pourquoi faut-il un tems choifi dans
l'équinoxe du Printems pour changer
fubitement la nourriture des hommes ? il faut, dites-vous, fe morti-
fier pour le Ciel ; plaifante raifon ! la
nature nous a tout donné pour notre
ufage, eft-ce la glorifier que de méprifer fes largeffes ? pourquoi priver

votre gout ? la nature n'a t'elle pas
varié celui des fruits pour fatisfaire
le vôtre ? peut-on s'imaginer qu'un
homme, qui fe couche fans fouper,
puiffe être agréable à Dieu ? je crois
au contraire qu'il y a de l'humeur
dans les gens qui vont coucher fans
fouper à caufe de Dieu; car les enfans, quand ils boudent ne veulent
point fouper dans l'idée de faire enrager leur mère.

Vous préchés la difcipline, le
fouet, la macération; la plûpart de
ces inftrumens meurtriers irritent les
paffions. La nature nous defend
d'attenter à nos jours & nos Prêtres
nous en font un mérite. Quelle différence y a t'il de s'expédier à l'an-
glaife par un coup de piftolet, ou
de terminer fa carrière par un poi-
fon lent ? Dieu nous a t'il mis dans
ce monde pour nous détruire ? cela
n'étant pas, les Prêtres ne connaiffent point encore Dieu.

Le Pontificat Romain, livre fingu-

lier avec lequel on fait des Evêques.
Ces Prélats, que la réligion n'a jamais diftingués des autres Prêtres,
ne font devenus grands que par des
rafinemens théologiques, inconnus
dans les premiers fiécles de l'Eglife. Ces
Seigneurs font ordinairement des petites gens à la Cour, qui grandif-
fent fubitement dans un Diocefe. Le
feul mérite qui les diférencie des Prêtres, eft la poffeffion de cinquante
lieues de Dîmes. Les Evêques ordinairement ne connaiffent point le
dedans de leur Eglife cathédrale, ils
aiment mieux fe réjouir & plaifanter
à *Paris*, ou n'être rien à *Verfailles*.
Une fois dans la vie ils adminiftre-
ront peut-être la confirmation & c'eft
un honneur que *fa Grandeur* féra à ce
Sacrément. Le foir de cette cérémonie, beaucoup d'honnêtes gens
attachés à la table, ou à la fortune
de *Monfeigneur*, lui diront : » *votre*
» *Grandeur* s'eft bien donnée de la
» peine d'adminiftrer ce Sacrement
» par fes mains, quelle fatigue de
» fouffleter deux ou trois mille ma-

» nans , qui honorent *votre grandeur*,
» à caufe qu'elle a des talons rouges ,
» & qui n'entendent rien à *votre*
» *grandeur* , à la confirmation & à
» la religion ! » oui , dira le Prélat,
c'eft une corvée , elle n'eft point
amufante , mais il faut au moins édifier fon prochain : nous fommes toujours à *Paris* , nous fommes affez paiés
pour faire cette parade ; au refte
nous avons de jolies femmes pour
nous rafraîchir de cette fatigue.

Que d'impoftures dans la confécra-
tion d'un Evêque! celui qui en fait
la cérémonie , lui demande par trois
fois ; *Frère , voulés-vous être Evêque?*
le futur *Monfeigneur* répond chaque
fois , qu'il ne veut pas être Evêque.
Comment un homme peut-il mentir
aux pieds des autels du Dieu qu'il
adore. Un cadet de maifon cherche
fortune , il lui faut un état; celui
d'Evêque eft fort bon , il y a dix ans
qu'il follicite , importune la Cour
pour être élevé à l'Epifcopat: fa famille préfente des mémoires , fait va-
loir les fervices de fes pères , afin que

le St. Efprit à la nomination du Roi
rempliffe leur parent de fa plénitude (1). Ces Évêques croient-ils à
la religion ? fans doute , car ils font
affez paiés pour y croire : penfés-vous
qu'il foient, affez bêtes pour renverfer leur pot-au-feu ? ils ne manque-
ront point de crier après les Philofophes : ont ils tort ? Dieu les a regardés trop favorablèment : Dans tout le

------

(1) Le pouvoir de nommer aux Evê-
chés & aux bénéfices , a été longtems con-
tefté à nos Souverains par le Roi étranger
de *Rome*, qui voulait être le maître chés
nous ; nos Pères , continuëllement fots ,
croiaient que le Roi faifait injure à la
Sainteté du Pape en difpofant de fon bien.
Dans un Miffel imprimé à *Paris* en 1584.
on trouve une prière pour demander à
Dieu l'abolition de la nomination royale
aux bénéfices & malgré les beautés de l'oraifon & la chaleur dévote des Prêtres le Ciel
n'a point exaucé l'injuftice des Papes. On
n'imprimerait plus aujourd'hui une pareille
oraifon: pourquoi ? c'eft que les Auteurs
ont éclairé la nature : pourquoi l'Etat les
fait-il donc mettre en prifon?

Royaume, y a t'il des gens environ-
nés d'un plus grand bien-être ? cela
prouve bien que le *bon Jesus* est mort
pour tous les hommes & sur tout
pour les Evêques & les riches béné-
ficiers ; il fallait absolument la mort
du Rédempteur pour rendre les fé-
néans aussi riches.

Les Théologiens, qui font ordinairement assez bêtes, me diront que
ce mensonge épiscopal est une cérémonie, qui rappelle ces tems heureux, où la dignité des Evêques était
un chemin au Martyre..... oui, il
n'y avoit alors que des coups à gagner & point d'honoraires ; personne
n'avait de vocation pour se faire égorger : mais est il nécessaire de mentir pour se rappeller un usage ancien.
L'Eglise, que nous appellons un *lien
Saint*, ne l'est plus dès que le mensonge y habite.

Les Evêques consacrent les jeunes
gens à Dieu en les prenant par la tête, leur coupant quelques cheveux ;
pendant cette opération le consacré
dit à haute voix , *Seigneur, tu seras*

à jamais mon héritage : pourquoi cette formule ? les Chrétiens n'ont-ils pas auffi pris Dieu pour leur héritage ? oui, mais avec cette différence que les Meffieurs aux cheveux courts font feuls fes héritiers, poffédent tout fon bien, & nous autres n'avons rien. Nos prêtres ont de l'efprit à croire les Evêqúes, Dieu a fait le partage de *Mongomeri* à fes Enfans, *tout d'un côté*, *rien de l'autre*, je me trompe, ce n'eft point Dieu, qui a fait ce partage, il eft trop jufte ; c'eft l'Eglife, on le voit bien, *elle a eu foin d'elle*. L'Eglife entend bien les partages.

Catalogue des Tableaux de aris. L'indécence des Tableaux, expofés dans les Eglifes, ferait digne de l'attention des Evêques, fi ces Seigneurs faifaient leur métier. J'ai vû dans une Eglife des Jacobins un Tableau de *St. Vincent Ferrier* qui prêchait fi mal. Un homme l'avait invité

à dîner, fans avoir rien à lui offrir :
dans cet embarras il eut recours à la
Mytologie , & à l'exemple de *Pélops*
il fervit au Saint une moitié de fon
fils en civet & l'autre à la broche.
Vincent épouvanté de la cruauté du
Père , fît le figne de la croix fur les
deux plats, à l'inftant la moitié rôtie
de l'enfant alla s'unir à celle qui
était en ragout. Le petit garçon
reparut vivant fur la table , courrut
jouër à la foffette & le père en fut
quitte pour les morilles & les cham
pignons.

Les autels font chargés de fleurs &
de colifichets, quelquefois de mille
chandèles. Les Moines repréfentent
le jour de leur Pâtron , des pantomi-
mes extraites de leur vie. Le jour
de *François-Xavier*, on le répréfente
jettant un crucifix de bois dans la
mer pour convertir les Philofophes
de *Pekin*. Le jour d'*Inigo* de *Gui-
pufcoa*, on voit ce fou monté dans
le cabriolet d'*Ezechiel* , entouré des
fimboles du livre *Imago primi fæculi*.
Le jour de la *Commémoration des*

mort, dans certaines Eglifes de Flandres, on tend des draps blancs au haut du maître-autel ; derrière on place des lumières, à la lueur defquelles on repréfente les ombres des Trepaffés ; ce qui forme un jeu de *lanterne magique* affez mal exécuté.

La Mandrinade, miférable Poeme, déteftable hiftoire. Le héros de cette pièce, dans le béfoin ou nous étions d'un bon officier, méritait fa grace. *Mandrin* aurait agi pour fa patrie avec le zèle qu'il avait déploïé contre les fuppôts de la ferme. *Alexandre le Grand* fit le Corfaire *Démétrius* Capitaine en chef d'une troupe ; le Sultan *Soliman* fe fervit de *Barberouffe* & de *Reis*, il fit l'un Bacha & l'autre Amiral. Un grand Miniftre auroit vû un grand Capitaine dans *Mandrin* ; mais les petits Miniftres ne voient rien & penfent comme *Caligula*, qui, en voyant *Céfonie*, difait : *la belle tête !* je n'ai
qu'à

qu'à commander pour la faire jetter à bas.

Traité sur le Purgatoire. Jamais je n'ai ouï de si mauvais raisonnemens que ceux que l'on continue de faire sur le *Purgatoire*. Les Théologiens dont le tourne-broche & la cuisine ne vont qu'à la fumée de ce feu qu'ils ont si utilement allumé, soutiennent son existence avec la chaleur que les Prêtres des Idoles défendaient leurs foyers.

L'Eglise, de concert avec eux, a toujours prétendu qne Dieu avait institué le *Purgatoire* pour purifier les âmes des souillures du péché, pour lesquelles elles n'ont point satisfait. Il y a, disent les Théologiens, deux choses à examiner dans les offenses que nous faisons à la Majesté de Dieu, la *Coulpe* & la *Peine* ; bon : mais demandons à ces savans Docteurs de quelle des deux nous sommes purgés en *Purgatoire ?* assuré-

K

mènt ce ne peut être de la *Coulpe*, puiſque *Jeſus-Chriſt* nous en a délivrés, comme le dit clairement *St. Jean* : *que le Sang du* Chriſt *nous nettoïe de tout péché.* Or le péché, à bien parler, n'eſt autre choſe que la *Coulpe*, car la *Peine* n'eſt point un péché, mais la punition du péché. Si cette logique eſt bonne il eſt impoſſible que la *Peine* ſoit purgée en *Purgatoire*, car la *Peine* n'eſt point une tâche, elle ne peut donc être purgée. Etre puni, dit un ſavant Calveniſte, n'eſt point une purgation, le fouët ou la corde ne ſont point la purgation d'un meurtre ou d'un larcin.

Les ames du *Purgatoire* ſont parfaitement juſtes, continue le même Savant & ne péchent plus, dont il s'enſuit que le *Purgatoire* eſt une purgation des tâches, qui ne ſont plus ; car porter la peine des péchés paſſées, lorſqu'on ne péche plus, n'eſt point une purgation, mais *cruciation* ou *vindication*, puiſque les ames y ſont tourmentées & ne ſont purgées d'aucune tache ou souillure, vu qu'elles n'en ont plus.

Cette punition du feu, c'est toujours mon savant qui parle, après la *Coulpe* totalement remise, flètrit & dénigre la justice de Dieu. Car Dieu punirait ceux, qui ne sont plus coupables, puisque nul n'est puni des peines satisfactoires qu'à cause de la *Coulpe*. La Coulpe donc ôtée & remise par *Jesus-Christ*, il n'y a plus de peine satisfactoire, comme dit *Tertulien* au 5. Chap: du Bapt: *quand on n'est plus coupable, il n'y a plus de peine.*

Dieu veut que nous pardonnions sans réserve à nos ennemis, Dieu conséquemment doit nous pardonner de même, & si Dieu, après le pardon exigeait des peines satisfactoires, Dieu en nous proposant de pardonner, ouvrirait la porte à la vengeance après avoir pardonné.

Si *Jesus-Christ* est le médiateur des âmes du *Purgatoire*, il doit intercéder pour elles & s'il intercede encore pour elles envers son Père, pourquoi à fa requête ne fortent-elles point plutôt de ce tourment fi long & fi horrible.

Une de ces preuves, à laquelle on ne fait point attention & qui démontre cependant que l'Eglife n'a point connu le Purgatoire dans les premiers fiècles, fe trouve dans la règle de *St. Benoit*. Cet ouvrage compofé depuis mille ans, eft un monument éclatant contre le *Purgatoire*. Le Fondateur des Bénédictins, qui marque dans cette règle les heures de l'office, les prières & les oraifons qu'on doit faire à l'Eglife, ne parle nullement des prières pour les morts. Ce filence prouve bien que le *Purgatoire* étoit inconnu à *St. Benoit*, ainfi qu'aux premiers fidèles.

Le Martyrologe des Jéfuites. Les Jéfuites *Barnet* & *Ould-Corne*, auteurs de la trahifon des poudres d'Angleterre, ont été inférés dans ce livre imprimé à Rome l'an 1608. *apud Pau-*

ium Maupinum & Mathæum Breutorum.
L'ouvrage fut dédié à *Rancucio Far-nese* Prince de *Parme.*

La Poëtique de Marmontel, ouvrage inutile, prouvé par ce paſſage d'un Auteur *Anglais.* La vérité eſt, dit le Chevalier *Temple*, qu'il y a quelque choſe de trop libre dans le génie de la Poëſie, pour être gêné & reſ-ſerré par tant de règles ; tout homme, qui voudra manier ſon ſujet ſé-lon toute l'exactitude & la ſévérité de ces régles, il lui fera perdre infailliblement cet eſprit & cet agré-ment, qui ſont purement naturels & qu'on ne peut jamais apprendre des meilleurs maîtres ; comme ſi pour faire d'excellent miel, on venait à rogner les ailes des abeilles & les réduire à ſe tenir dans leurs ruches, ou à ne s'en écarter que peu & qu'on mit de-vant elles les fleurs qu'on jugerait être les plus douces, afin qu'elles en tirent la ſubſtance ou la vertu la

plus pure, après leur avoir ôté l'é-
guillon & en avoir fait de véritables
bourdons. Les abeilles veulent la liberté de s'étendre dans la Campagne,
auffi bien que dans les Jardins &
choifir elles mêmes les fleurs qui leur
plaifent & qu'elles favent diftinguer
par leurs propriétés & leurs odeurs.
Elles aiment à travailler dans leurs
petites cellules avec une adreffe admirable, elles font l'extrait de leur
miel avec un travail fans réfâche &
elles le féparent de la cire par des petites cloifons fi bien concertées qu'il
n'appartient qu'à elles feules de le
faire & d'en pouvoir juger.

Si l'Auteur divin du divin *Dénis* le
Tyran, des divines *Héraclides* & des
autres Divinités tragiques qu'on ne
joue point, avait médité ce paffage
du Chevalier *Temple*, il fe ferait bien
gardé de nous barbouiller une Poëtique *Françaife*. Mr. *Marmontel* a deux
côtés, un côté mortel, un côté immortel; le côté mortel eft compofé
de fes Tragédies & l'autre de fes jolis contes.

Réflexions sur la phisionomie. Nous difons une fottife chaque fois que nous difons · *ce Seigneur a un air de qualité.* Les qualités, qui font des idées chimériques, peuvent-elles s'imprimer fur notre vifage? La nature met-elle un cachet étranger fur la face d'un Grand? Elle n'a qu'un cachet pour tous les hommes. Que nous fommes bêtes! nous avons entendu faire ce galimathias à nos Grand-pères, nous répetons la fentence fans faire attention à ce que nous proférons; nous avons reçu leurs apophtegmes comme leur réligion fans rien examiner.

Traité fur la Réfurrection. Quand le légiflateur des *Chrétiens* ne ferait point reffufcité avec fon corps, fa vie n'en ferait pas moins glorieufe, fa morale moins divine & fa mort moins fructueufe aux hommes. *Jefus*

K 4

'avait fatisfait pour nous, tout était confommé, quel béfoin avait il de reprendre fon corps ? ce ne fut pas le corps de *Jefus*, qui fit le miracle de la rédemption, ce fut la foumiffion de fa volonté à celle de fon Père, & fa miffion finie, Dieu n'avait plus befoin de cette envelope charnelle & groffière.

Les Théologiens qui avancent toujours & ne prouvent jamais rien, affurènt que ce corps reffufcité était un corps glorifié ; malgré la création d'un mot qui ronfle fi bien, je ne crois pas qu'il foit néceffaire que l'Etre fuprême foit emboité dans une carcaffe de cinq pieds & quelques pouces & je ne penfe point qu'un grand pied plat, une groffe tête, une machoire épaiffe, puiffent embélir fon exiftence.

Le Corps de *Jefus*, quoique théologiquement glorifié, devait être un corps phifique, revêtu de toutes les propriétés de la matière, comme la grandeur, la largeur & la profondeur, ou fans ces propriétés un corps ne ferait plus corps. Voila donc le fils de Dieu tout différent de fon Père ; voilà un Etre commenfurable, affis à la droite de celui qu'on ne peut méfurer, car Dieu n'eft ni rond, ni quarré & fon fils a notre plate figure !

L'embarras de concilier les quatre Evangéliftes fur la réfurrection de *Jefus* eft grand. En lifant ces Auteurs, on eft tout étonné des contradictions qu'on trouve dans la partie hiftorique de ce miracle : *Madeleine* voit fon maître dans le jardin, elle veut baifer fes pieds adorables, le Phantôme lui dit : *ne me touche point.* Pourquoi *Jéfus* empêche t'il à Madeleine d'embraffer des pieds qu'elle avait autrefois oints d'aromates, arofés de fes larmes & effuiés de fes beaux cheveux ? la dure conduite de fon *Rabboni* rendait douteufe la merveille de la réfurrection. Les Saints Pères qui ne font guères plus éclairés que nous fur les chofes que l'on n'entend point, difent que *Jéfus*, par un efprit de pureté, ne voulut pas permettre cette faveur à *Madeleine*. Les mauvaises raisons n'éclaircissent pas l'Evangile : Si *Jesus* avait permis à *Madeleine* pécheresse de baiser ses pieds, pourquoi refusait il la même grace à *Madeleine* penitente ? les Pères ne raisonnent point.

Le corps de *Jesus*, après la résurrection, n'avait pas, aux yeux de ses Disciples & des témoins de ce miracle, les caractères d'un vrai corps. Il est dit dans l'Evangile que *Jesus* entra dans la salle, les fénêtres & les portes fermées. Un corps qui entre dans une chambre, parfaitement calfeutrée, n'est point en vérité un corps comme le mien & si j'étais témoin d'un pareil phénomène je dirais : ce que je vois entrer par le trou de la serrure n'est pas un corps long, large & profond comme le mien; un chameau ou un homme ne peuvent jamais passer par le trou d'une aiguille & ce corps, qui entre dans cette chambre par le trou de la serrure, est quelque chose que je ne comprens point.

Les Théologiens, qui ne paraissent jamais embarassés de fournir des argumens bons ou mauvais, nous répondront que c'était un miracle : je ne sais pas ce que c'est qu'un miracle, ni si un miracle est nécessaire pour captiver ma foi : mais je sais bien que dans la circonstance où *Jesus* se trouvait de manifester sa résurrection, il n'avait pas besoin de faire un miracle, qui obscurcissait davantage cette merveille. *Jesus* eut mieux prouvé le prodige en vénant le grand chemin, montant l'escalier &· frappant à la porte où étaient renfermés ses Disciples.

L'opiniâtreté de *St. Thomas* a jetté, dit on, un grand jour sur la résurrection de *Jesus* : cet apôtre a vû les plaies, a mis sa main dans celles de son côté. Si le corps de *Jesus* était un corps glorifié, les plaies dévaient être fermées ; des mains & des pieds percés dans un corps glorifié ou dans un autre corps ne font pas de belles mains & de beaux pieds. Le phénomène, qui surprit *Thomas*, ne fut autre chofe que des apparences, dont *Jefus* s'enveloppa pour confoler fes apôtres de la douleur & du fcandale que fa mort leur avait donnés. Ces gens lourds, maffifs & groffiers n'euffent point compris fans ces fignes vifibles, l'immortalité de l'âme, fur laquelle *Jefus* avait fondé fa doctrine & notre efpoir.

Les apparitions de *Jefus* ne font donc que des preuves de l'immortalité de l'âme & du bonheur, dont elle jouira après cette vie; pourquoi nos Docteurs, perfuadés de ce fiftême, veulent ils étendre le privilège de l'immortalité à nos corps ? quel béfoin ont ils de gèner notre âme dans l'enveloppe de la matière, de remplir de chair & d'os le féjour de la gloire ? laiffons les corps dans les charniers des *Innocens* pour montrer aux grands que nous fommes tous égaux dans le cimetière.

Quelqu'avantageufe que foit la façon, dont mon cadavre fera glorifié dans le ciel, je rénonce dès ce moment au Paradis s'il faut y retrouver

mon impertinente figure. Pourquoi
faut il que mon âme foit empâtée
dans cette méchante boue? ai je béfoin de fentir la circulation de .mon
fang, le jeu fouple de mes nerfs &
les agrémens du bon chyle pour fa-
vourer les plaifirs de la gloire éternelle? mon intelligence, débaraffée
des fenfations, verra bien mieux la
lumière & la vérité qu'une intelligence entortillée dans les fenfations. Un
caractère, comme le mien, prendra
affurément de l'humeur contre fon
cadavre, s'il le retrouve en Paradis.
Je dirai en moi même : voici un malheureux corps qui a failli mille & mille fois de me faire perdre ce brillant
héritage ; c'était mon plus grand ennemi, combien de fois à l'afpect d'u-
ne jolie fille a t'il voulu déranger
l'harmonie de mon âme ? combien de
fois fes yeux curieux ont ils percé
un fichu de gafe, ou couru trop
librement fur une gorge naiffante?
combien de fois ces mains pétulan-
tes n'ont elles pas voulu chiffon-
ner les refpectueufes ? & ces deux

plates mains féront heureuses à jamais?

Nos corps, difent les Orateurs
Chrétiens, font des prifons où nos
âmes font malheureufes & captives.
Ces beaux cercueils de terre glaife,
que nos jolies femmes peignent de
rouge & de blanc, fe font toujours
révoltés contre notre intelligence,
nous dévons les macérer, les couper
& les châtrer même, fi nous voulons
aller au Ciel; car il vaut mieux entrer au Ciel borgne, châtré ou boiteux que ne point y entrer du tout.
Voilà les *Philippiques* que l'Evangile
& nos prédicateurs ont fait de nos
cadavres & après ces faintes décla-
rations, nous fommes encore jaloux
de traîner dans le Ciel ces malheureux inftrumens de nos peines?

Suppofons un moment que nos
âmes reffufcitent avec leurs corps,
comment fe fera ce miracle? le boffu
entrera t-il avec fon paquet dans la
gloire? cette vierge de l'*Opéra* entrera t'elle fans fon honneur en
Paradis? le Boiteux y fera t'il fon

entrée triomphante en clochant ? le Borgne ne verra donc le Paradis que d'un œil ? le louche ne verrait il Dieu que de travers ? & l'enroué ne chantera t-il ſes louanges que d'une voix diſcordante & baroque ? on voit qu'il faut du mieux à tout cela , ou le Paradis ainſi meublé ne formerait plus qu'un hotel des Invalides ou un hopital des Incurables.

Nous changerons de figure, nos corps ſeront glorifiés , diſent les Theologiens ; ce ſiſtème eſt joli : mais que dira cette femme , qui a épouſé un homme d'une laide figure & qu'elle a fait ſi naturellement cocu ? en le voyant raïonner de charmes , elle dira ſans doute · voila une laide maiſon qu'on a bien fait de démolir ; ce nouveau bâtiment eſt joli , ſi le miracle avait été fait dans mon bail , aſſurément mon époux n'aurait point été coëffé à la grèque. On voit qu'il réſulterait beaucoup d'impertinences du miracle de la réſurrection des corps.

L'article de la réfurreſtion des
corps qui n'était point enchaſſé dans
le premier ſimbole de l'égliſe n'eſt
autre choſe que l'hiſtoire de l'immortalité de notre âme; le jugement dernier, le ſpeſtacle allégorique de la recompenſe des bons & la punition des
méchans, figurées par la parabole des
brebis & des boucs; car Dieu n'a pas
béſoin de deux ſentences pour juger
les hommes, ni de l'appareil de l'univers, pour juger nos crîmes & mani-
feſter nos faibleſſes. Si ce jugement
devait s'entendre à la lettre, que
pourrait dire le Juge ſouverain aux
Sauvages qu'il enverrait aux flâmes
éternelles, que tout l'univers ne
trouvât ſingulier ? Quoi ces peuples
feraient damnés pour n'avoir pas vû
la lumière, que le juge avait cachée lui-même à leurs yeux par la
barrière des terres & l'immenſité des
mers.

Croyons fermement à l'immortalité de l'âme, à la recompenſe des
vertus, aux châtimens du crîme;
la raiſon & la religion naturelle

le conçoivent ce fiftême, & laiffons tranquillement notre pouffiére fe mêler avec celle qui compofe ce vafte univers ; à la longue nous produirons un arbre , des pommes de terre , des choux , des raves &c.

***

Les Héréfies. A peine l'évangile fut il annoncé , qu'on vit éclore de ce chef d'œuvre de la *vérité* une foule immenfe de fectes, qui s'égorgèrent les unes & les autres avant de s'entendre, & continuèrent à s'égorger après s'être un peu entendus. Le fang que la religion a répandu a plus humecté la furface du globe que nous habitons , que les eaux abondantes du déluge. Dépuis le pontificat de *Pierre*, jufqu'au tems des billets de confeffion de *Monfeigneur Chriftophe* Archévèque de *Paris*, l'églife toûjours très militante n'a pas ceffé de faire la guerre aux hommes & aux fages.

En lifant attentìvement & fans pré-

L

jugé les écrits des différentes Sectes,
qui ont paru dans l'église, on voit
constamment que la fable du *Loup &*
de l'Agneau s'est renouvellé dans tous
les siècles ecclésiastiques. Je pour-
rois accabler mes lecteurs d'une érudition profonde, composer un *in fo-*
lio des noms seuls des sectes que la
vérité a fait naître ; mais ennemi des
longs ouvrages, je me bornerai au
précis des prémières héréfies qui ont
milité dans les champs de l'église &
pour lesquelles la cour de *Rome* a
manqué de douceur, de bonté & de
charité.

Les *Caïnites* révéraient *Judas*, ils
difaient que fi ce traître avait vendu fon maître, c'est parcequ'il favait
le bien qui en reviendrait au genre
humain. L'église a jugé les *Caïnites*
trop févèrement, *Judas* annoncé par
les Prophêtes entrait affez naturellement dans l'économie de la redemp-
tion & puifqu'il fallait un traître pour
confommer ce grand ouvrage, autant celui là qu'un autre. Ce qui rendait peut-être *Judas* moins coupable

aux yeux des *Caïnites*, c'eſt que *Jéſus* l'avait choiſi, lui avait donné ſon
amitié & généreuſement confié ſes
finances.

Les *Pepuziens* & *Quintiliens* eſti-
maient les femmes meilleures que les
hommes ſous prétexte qu'*Eve* avait
cauſé un grand bonheur aux hommes
en leur procurant par ſa faute la
miſſion de *Jeſus* : excepté le ſingulier
avantage de ſoutenir le tître glorieux
d'égliſe militante, je ne vois pas la
raiſon pourquoi *Rome* a bataillé contre les *Pépuziens*. Ces bonnes gens
aimaient les femmes, cela eſt bien
naturel, ils n'avaient pas, comme
Salomon, la folie de les trouver plus
méchantes que les hommes, ni plus
coupables qu'eux pour avoir mangé
d'une pomme dans un jardin où il y
avait des pommes.

Les *Antimarites* ou *Helvidiens* ſou-
tenaient que *Marie* ne demeura pas
vierge après qu'elle eut enfanté *Jeſus* ; que *Joſeph* apres la naiſſance du
Redempteur a connu *Marie*. Cette
connaiſſance ne pouvait rien déran-

ger au miftère de la rédemption ; la tâche de *Marie* était faite. Ces Hérétiques, comme les enfans de *Jacob*, aimaient la fécondité & ne trouvaient pas honteux que l'époufe légitime de *Jofeph* ait fait des enfans. L'écriture fainte les induifait-elle même en erreur, en citant fi fouvent les frères de *Jefus*.

Les *Rhétoriciens*. Cette fecte était compofée d'Auteurs & de Poëtes, elle parut la plus fenfée des héréfies. Les *Rhétoriciens* foutenaient avec les honnêtes gens de toutes les nations & de tous les climats qu'on ferait fauvé par la religion dont on avait fait profeffion & qu'il fallait laiffer la liberté & le choix à un chacun d'aller à Dieu par quel chemin il voulait. Ce fiftême était celui de la Tolérance, fiftême que l'Eglife appréhende le plus.

Les *Ophéiens* croyaient qu'il y avait des mondes innombrables. L'églife fut injufte de damner les *Ophéiens*. Leur fiftème, réchauffé dépuis par Mr. de *Fontenelle*, faifait honneur à la fécondité du Créateur.

Les *Libérateurs* foutenaient que le *Chriſt* était deſcendu aux Enfers pour délivrer les pécheurs & les impies qui crûrent en lui. Ces Hérétiques étaient dignes d'admiration, ils bornaient les vengeances d'un Dieu miſéricordieux & le peignaient toujours pret à recevoir le pécheur à la pénitence. L'enfer, pour être un ouvrage digne de l'Etre ſuprême , doit être dans ſa main bienfaiſante, un inſtrument plus actif & plus certain pour purifier les ſouillures du crîme. L'égliſe aime mieux rendre ce ſéjour de punition ſtérile & éternel. Ce ſiſtême eſt bon pour épouvanter les gens qui doivent payer les dîmes.

Le *Collyridiens* préſentaient tous les ans des gâteaux à la vierge *Marie*; *Rome* préſente tous les jours des fleurs , des fruits , à la *Madonna* de *Lorette* & reçoit les offrandes qu'on fait à la *ſcala ſancta*.

Les *Valentiniens* diſaient qu'il y avait trente Aones, Siècles & Mondes

L 3

tirant leur origine de la profondeur
& du silence. Ces Philosophes ne
touchaient point aux principes de la
foi. Le siftême de plusieurs Mondes
ne donnait qu'une plus grande idée
de la puiffance du Créateur. Notre
Monde n'eft aux yeux de Dieu qu'un
grain de moutarde & quand un homme croirait que Dieu aurait bien pu
faire de millions de grains de moutarde, je ne vois pas là dequoi donner de l'humeur à l'églife. Quant au
calcul des fiècles ; celui des *Valentiniens* était l'arithmétique des *Chinois*
& quand ces deux chronologies auraient été défectueufes , où ferait encore le mal ? celle de *Moife* n'était
pas meilleure. Le filence de ces Hérétiques fur le miracle de la création
était plus prudent que le barbouillage
du cahos des *Égiptiens* & des *Hébreux*.
Il vaut mieux fe taire que d'écrire
que l'effet a précédé la caufe , comme
par exemple la lumière créée avant
le foleil, ne laiffe pas d'embaraffer
les gens qui ont un peu de philique
ou de fens, commun.

Les *Cathores* se piquaient d'une grande sainteté, ils ne voulaient point avoir de communication avec ceux qui avaient péché après le bap̂-tême. Il ne fallait point damner les *Cathores*, il fallait seulement leur prêcher ces deux vers de *Molière*

Il nous faut dans le monde une vertu traîtable,
A force de sagesse on peut être bla-mable.

'*Est modus in rebus :* Dieu n'a ja-mais tort avec les gens d'esprit & l'é-glise ne l'aurait jamais eu, si elle a-vait été tolérante, bonne & douce comme son divin maître.

Les *Angéliques* rendaient un culte aux Anges : Dans leur siècle il était défendu sous peine de damnation d'honorer les Anges, aujourd'hui il faut honorer les Anges sous peine de damnation. Voilà comme tout change dans ce monde, ce qui est noir dans un tems, devient blanc dans l'au-tre. La Sainte Eglise serait elle l'i-

L 4

mage du matin & du foir que le faty-
rique Français nous a peinte :

Les *Origéniftes* ou *Adamiens* tenaient la *Palinhenefis* , c'eſt à dire le
retour des âmes apres la mort dans
leurs corps pour converſer dans le
monde. Nous avons cru longtems aux
Revenans & Dom *Calmet* aux *Vampires*.
Les *Origéniſtes* aſſuraient que la punition des Démons & des Réprouvés
ne durerait que mille ans , après les-
quels ils féraient bien heureux. Ces
gens en bornant ainſi la vengeance
de Dieu éclairaient un fentiment de
leur âme qui faifait honneur à leur
cœur. Je penfe comme eux & je
fouffrirais prodigieufement en *Paradis* , ſi je connaiſſais 'quelqu'un de
mes frères éternellement malheureux.
C'eſt un fentiment de pitié que tous
les canons de l'Egliſe ne pourraient
chaſſer de mon cœur, à moins que
Dieu ne vienne lui-même m'aſſu-
rer qu'il eſt plus méchant que les
hommes.

Les *Méléticns* retenaient dans le

Chriſtianiſme pluſieurs ablutions des *Juifs*. Il ne faut point damner les gens pour de pareilles bagatelles. La pureté du cœur des *Meléꞇiens* devait ſuffire à l'Egliſe, & la guerre qu'elle leur déclara ſur leur propreté était une chicane.

Les *Pattalorinchites* croyaient toutes les vérités de la religion & faiſaient conſiſter le ſervice divin dans le ſilence. Ces ſectaires ſuivaient en cela les volontés de l'Evangile qui veut qu'*on adore Dieu en eſprit & en vérité*. C'eſt aſſurément de ce ſilence reſpectueux que Dieu ordonna aux nations de l'honorer, à l'exception des *Eſpagnols*, à qui il a permis de marmoter le *Saint Roſaire*.

Les *Tertuliſtes* enſeignaient que les ames des Impies étaient changées après la mort en Démons. Si l'homme dans les *Enfers* n'eſt plus capable de mérite ni de demérite, je crois que la qualité de ſimple réprouvé ſuffirait à mon ambition ; mais ſi les Damnés ſont capables d'orgueil & de bienfaiſance, je voudrais être Démon pour rendre le fort des réprouvés plus heureux. Je penferais comme un *Capucin*, qui voudrait être gardien de fon couvent pour rendre la vie plus douce & plus agréable à fes frères.

Les *Ptolomiens* donnaient à *Bathos*, ou à la profondeur deux femmes l'une *Ennoïa*, c'eft-à-dire la Penfée & l'autre *Théléfis*, la volonté. Ces allégories étaient ingénieufes, pourquoi foudroïer le génie? *Ennoïa* & *Théléfis* valaient mieux que les *fept Dormans* qui ne font que des rèves, & que *St. Alexis* qui quitte une jolie femme précifément le jour qu'on ne la quitte point.

Les *Heracléonites* tenaient la profondeur pour la plus ancienne de toutes les chofes. Cette profondeur me plait davantage que les vifions monftrueufes & inexplicables de l'*Apocalypfe* & que le viellard de *Daniel* avec une figure humaine.

Les *Sévériens* enfeignaient que le monde avait été fait par les Anges. Le mal & le bien, qui bran-

lent toutes les chofes de ce monde,
font affez penfer qu'un Etre inférieur
à Dieu a pu compofer cette petite
fourmilière.

Les *Tatianites* & *Eucratides* prêchaient
une fobriété extraordinaire & des
abftinences de vin & de viande;
il ne falait pas envoier ces feétaires
à tous les Diables, il fallait leur dire : tenés, acommodons nous, nous
ne défendons dans aucun jour de
l'année l'ufage du vin parcequ'il éni-
vre ; mais nous défendons dans certains tems l'ufage des viandes parcequ'elles n'énivrent point. Imités nous,
faites abftinence de chair le Carême,
les quatre tems, les vigiles, le Vendredi & le Samedi de chaque-femai-
ne ; & la veille de la fête de votre
maîtreffe, allés, fi vous voulés,
coucher fans fouper, fi cela peut lui
faire autant de plaifir qu'à fon pâtron..
Mais toujours faire maigre c'eft ouvrir une branche de commerce confidérable aux *Anglais* & aux *Hollandais*.
L'abftinence ne tue que les Ouvriers
& les Payfans, ce font cependant les

gens les plus néceſſaires à l'Etat; il ne faut pas tuer les Ouvriers & les Payſans pour enrichir les étrangers. Les *Tatianites*, qui étaient raiſonnables ſe ſéraient accommodés avec *Rome.*

Les *Quartadécimans* fûrent ſéparés de l'Egliſe d'*Occident* par une ex-communication du Pape *Victor*, à cauſe qu'ils célébraient la pâque comme les juifs le 14 de Mars. Voi-la une plaiſante minucie pour en-voyer d'honnétes gens aux flâmes éternelles.

Hiſtoire de l'ordre de St. Dominique. Les Dominicains ont été les moines les plus funeſtes à l'humanité. Leur fondateur a teint le *Languedoc* de ſang. L'infâme & rédoutable *Inquiſition* ce tribunal odieux & barbare, eſt de leur invention. Combien de miſérables roles n'ont ils pas joué dans les Guerres ſcolaſtiques ? com-bien de victimes n'ont ils pas immo-

lées à leur Docteur Thomas qui n'a-
vait ni les lumières de *Bayle*, ni le
génie du moindre de nos Ecrivains?
quelle fermentation n'ont ils point
nourrie du tems de la Ligue? quels
attentats n'ont ils point commis en
plongeant leurs mains sacrilèges dans
le sang de leur Roi? & n'ont ils pas
mis le comble à leur impieté en se
servant du pain de l'Eucharistie pour
empoisonner un grand homme? Cet
ordre, aussi coupable que celui de
Jesus, n'a pas balancé ses crimes,
comme ce dernier, par la culture
des sciences & l'utilité des Lettres;
on ne voit dans le temple du *Gout* &
de l'*Immortalité* aucun ouvrage de cet
Ordre.

Le Spectacle de la Nature. L'Abbé
Pluche radote avec ses coquillages &
son déluge : les vieux Temples, dit-
il, sont des preuves victorieuses de
la religion. Si Mr. l'Abbé avait

voyagé en *Egypte*, il aurait vu des vieilles mafures dédiées autrefois aux Oignons, & à la *Chine* des édifices élevés au fage *Confucius*.

❧

L'hiftoire de Malthe. Etait il né-ceffaire de rélier en quatre volumes les fureurs de la *religion Romaine*? eft il poffible que dans une religion qu'on dit fi bienfaifante, il y ait des Religieux qui faffent vœu, aux pieds d'un Dieu mort pour les hommes, d'égorger les hommes & en vertu de ce beau privilège jouïr de cinquante mille livres de rente? Je favais gré-ci devant au *Fanatifme* de n'avoir point imaginé un ordre d'hommes, compagnons ou faifant les fonctions de l'Ange exterminateur; mais en examinant de près les bourreaux de *Malthe*, j'ai trouvé la fondation de cette cruauté.

❧

Gallien reftauré. Ce Roman eft

original. La réception que fait *Hu-gon* Empereur de *Conſtantinople* à *Char-lemagne* accompagné de ſes douze Pairs au retour du *St. Sépulchre*, eſt plai-ſante. Les *François* étaient ſur des lits d'or à s'égaier, à dire des bons mots, car la nation a toujours aimé à rire, le Romancier appelle ces di-vertiſſemens *Gaber*. Les *Treize Gabis* ou Contes ſont autant de rodo-montades. Le Seigneur *Olivier* ſe vantait de baiſer la belle *Jacqueline*, fille de l'Empereur, quinze fois. L'Empereur *Hugon* entendit cette *Coullionade* (*), lui ordonna ſous pei-ne d'être pendu de remplir ce qu'il avait dit; en conſéquence il livra ſa fille à *Olivier*. Le jeune *Français* fort embaraſſé de ſa tâche, invoqua le Ciel. Le Seigneur lui envoia un Ange pour l'aider; il comptait, dit

---

(1) Expreſſion Italienne, qui veut di-re plaiſanterie.

l'Auteur, aller avec ce fecours au nombre *Quinze. Olivier*, avec toute fa vertu naturelle, unie à la furnaturelle, n'a pu le faire que treize fois. Cette hiftoire prouve que les fideles Chrétiens avaient dans ce tems là des idées comiques de la grace & ne connaiffaient pas le vrai Dieu. C'était cependant dans les beaux fiècles de la religion qu'on penfait ainfi de la religion.

Les Confeffions de St. Auguftin, ouvrage fort inutile. Quel befoin avait l'oracle d'*Hyppone* de faire gémir la preffe de fes faibleffes? les frédaines d'*Auguftin* ne pouvaient édifier ni corriger les mœurs. Les perfonnes brifées & anéanties dans la dévotion trouvent, dit on, une manne cachée dans cette production & la véritable onction du *Cantique des Cantiques.* Les Dévots doivent excufer les Philofophes s'ils ne trouvent rien d'édifiant dans cette rapfodie. Les Philofo-

lofophes font de miférables pécheurs,
qui fe contentent de faire le bien,
fans penfer à faire imprimer des
Confeffions générales.

❦❧

Le Trépaffement de la Vierge Marie,
Poeme imprimé autrefois à Troies,
chés Madame la Veuve J. Oudot &
fils, rue du Temple. Cet ouvrage
en réputation dans le favant pais de
Liége, s'imprime encore trois ou
quatre fois chaque année chés l'Im-
primeur de l'Evêque.

Cette pièce eft en vers français,
elle commence par une prière que la
vierge fait à fon fils pour ne point
mourir ignominieufement comme lui.
Je n'ai eu qu'un fils, dit cette bonne
Mère & ce fils unique a été pendu à
l'arbre de la croix; je veux mourir
plus honnêtement : elle engage le
bon *Jefus* de lui envoyer fes Anges
& fes Apôtres à l'heure de fon trépas, afin de mourir en bonne com-

M

pagnie. Le jour de fon décès l'Apôtre *St. Jean*, fi tendrement attaché à
Marie, parait le premier. Voici comme l'Auteur de cette pièce excellente
le fait parler.

Saint Jean l'Apôtre arriva,
Et entra dedans la chambrette
De la vierge pucelle & nette,
Et humblement la falua
Lui difant, Ave Maria.
Elle répond, n'en doutés pas,
Mon ami, Deo gratias,
Et le baifa honnêtement.

Il eft probable que *St. Jean* baifa
la vierge en tout bien, tout honneur.
Si l'Auteur ne le dit point expreffé-
ment, la religion nous oblige à le croire. Marie lui fait des reproches fur
l'éloignement où il l'a laiffée dépuis
la mort de fon fils. Le Saint s'excufe
fort mal & pendant qu'il eft occupé
à donner de mauvaifes raifons de
fon impoliteffe, les Apôtres arrivent :
St. Thomas n'eft pas de cette corvée.
L'Auteur le garde pour la bonne

bouche & cet oubli eſt un morceau délicat qui fait honneur à ſon
intelligence & à la farce. Les Apôtres ſaluent *Marie* qui leur dit

Soyés tous très bien venus
Jeunes, vieux, gros & ménus.

Après les premiers aſſauts de complimens, la vierge leur demande comment ils ont ſçû le jour de ſon Tré-
paſſement, s'ils ſont venus par le co-
che ou par les chaſſes-marées? *St.*
Pierre, comme le plus intelligent &
le plus infaillible du ſacré collége, lui
fait un détail de leur voyage. Dans
ce narré l'Apôtre ne s'exprime gueres
plus clairement que nos Docteurs.
Voici ſon début :

Reine, à qui tout bien eſt entré
Une choſe vous demandés
Que nous duſſions demander
Et dire qui nous a mandé.

Après ce galimathias, *St. Pierre*
raconte comme ils ſont arrivés *d'An-*

tioche. Marie trépasse , on la porte dans la vallée de *Josaphat*; au retour *St. Thomas* rencontre le cortège, *St. Pierre* lui dit :

>. . . . . *Thomas*
> *Je crois que Dieu ne t'aime pas :*
> *Que n'est-tu venu sans tarder ,*
> *Pour ensévelir notre Mère ?*
> *Alors* Saint Thomas *pleurant :*
> *Je sais & maintenant vois bien*
> *Que je suis un très mauvais chrétien,*
> *Incrédule & homme sans foi.*
> *Las ! pries tous Dieu pour moi*
> *Et me montrés , je vous prie*
> *Où vous avés mis le corps de* Marie ;
> *Il est clos en sépulcre*
> *Qui est beaucoup plus doux que sucre*
> *Ni que violette de Mars.*

Ceux & celles , qui liront le Poëme *du Trépassement de la Vierge,* jouiront de quarante jours d'indulgence :

> *Car ainsi est déterminé*
> *Jamais ne sera lunatique*

Soit homme laid ou de pratiqne (*)
Contrefait, aveugle, boſſu.
Tortu, démoniacle, ni muët ;
Et qui écrire le fera
Point de Diable ne lui nuira.

Les *Liégeois*, qui ont pluſieurs raiſons de craindre que le Diable ne
les emporte , écrivent tous les ans
ce Poeme ; ſans cette ſage précaution le Diable aurait dejà depuis longtems emporté le Pays, à ce qu'ils
diſent.

Hiſtoire des Suiſſes. Les *Suiſſes*
n'accordent leur droit de bourgeoiſie
qu'à force d'argent ; *Génève* ne connait point encore le droit ancien &
reſpectable de l'hoſpitalité. La *Fran-*

---

(1) L'auteur entend par ce terme les
Avocats , Procureurs Notaires, compoſans
la Cour de l'officialité de *L****, gens très
mépriſables & très mépriſés dans le pais.

ce, contraire à ces peuples, se glorifie d'être la ressource de ces durs républicains. L'honneur de défendre sa nation est en partie confié aux soins de ces soldats étrangers, qu'elle paie plus cher que ses propres citoiens. Un *Français* n'oserait frapper dans *Paris* un *Suisse* sans s'exposer à être pendu & un manan des *Treize Cantons* peut rosser un *Français* au milieu de la capitale sans courrir les dangers de la corde. Pourquoi cette attention pour une République qui n'en a point pour nous ? nous donnons du pain à sa noblesse, nous habillons, nous nourrissons ses peuples & nous recevons chés nous leurs coups de bâton.

Toutes les grandes maisons ont un *Suisse* galonné à leur porte qui s'ennuie à ne rien faire : pourquoi donner le gouvernement de nos hôtels à l'étranger & refuser cet avantage aux hommes de notre nation ? pourquoi permette aux *Suisses* d'établir des cabarets *gratis* dans nos villes & aux entrées de nos Jardins publics &

priver de cette faveur les naturels ? cette partialité n'est elle pas affreuse ? les *Limousins*, les *Auvergnats*, qui nous appartiennent, viennent faire nos ouvrages pénibles & les *Suisses* dorment dans nos antichambres ; nous nous piquons d'un extrème bon goût & nous plaçons aux entrées de nos maisons des gens durs, avares & grossiers. Nos portes seraient mieux gardées par un *Français* poli ; la douceur de nos mœurs, imprimée sur le front de notre compatriote, annoncerait davantage l'aménité de la nation que deux moustaches barbares qui ne peuvent figurer que chés les *Sarmates*, les *Croates* & les *Pongos* ; car une jolie femme perd infiniment d'être annoncée par deux grandes moustaches. Le *Français* serait moins intéressé que le *Suisse*, dont la devise ordinaire est : *point d'argent, point d'amitié.*

Un *Français* n'ose porter un baudrier, pourquoi n'aurait il pas le privilège de porter cette guenille galonnée ? J'ai vû dans *Paris* des *Suis-*

ſes écraſer de coups un *Français* pour avoir porté le baudrier à la porte d'une égliſe. Quel droit avaient les *Suiſes* d'aſſommer un *Pariſien* à propòs d'un baudrier ? notre merveilleuſe police, qui tracaſſe ſouvent un homme à talens pour une chanſon ne prend point garde à ces abus ?

.Les Calculateurs diront peut être : tandis que les Suiſſes ornent nos portes avec deux mouſtaches, nous occupons plus utilement ailleurs nos compatriotes. Ce raiſonnement ſérait ſupportable ſi tous les païs ne fourmillaient point de *Français* ; on en trouve juſqu'aux extrêmités de la terre ; nous faiſons des ordonnances pour enlever les fénéants, les Vagabonds ; ne barbouillons point tant d'arrêts, ne forgeons plus des chaines, n'envoyons plus nos citoyens aux galéres, renvoyons les *Suiſſes*, la *France* n'aura plus de Vagabonds.

Histoire de la Ville de Liège. L'Auteur de cette histoire a oublié les anecdotes suivantes.

La veille de *St. Martin* les *Liégeois* courent dans les rues avec un balai, où il y a un cierge allumé comme ceux que l'on porte au Sabbat. ils crient, *vivat Saint Martin qu'a vendou ft choud de chiafe po bure de vin*; vive *St. Martin* qui a vendu fa culote pour boire du vin. Cette céremonie fe fait en dérifion du Saint Patron dë *Tours* & de la nation *Françaife.*

Les Manans Bourgeois Habitans de *Vervier* font obligés d'envoier tous les ans les douze plus jeunes mariés, la croix de leur paroiffe & le tambour de la ville, au Chapitre de *St. Lambert* de *Liège.* Le cortège entre à neuf heures du matin dans l'églife, les Députés préfentent en hommage aux Tréfonciers, de l'or, de l'argent & du cuivre; enfuite au fon du tambour ils danfent une ronde fous une grande couronne de fer blanc qui

décore la nef de la cathédrale. Cette pantomine dure une heure, les
jeunes mariées•s'y diftinguent ordinairement par la vivacité avec laquelle elles font voltiger leurs jupons & Meffieurs les Chanoines, pré-
fens à la céremonie, ne laiffent point
de faire attention à l'élégance de la
jambe des fauteufes & peut-être à autre chofe que ce trémouffement dévot fait appercevoir.

Le fcandale fini, les Députés fortent de l'églife, tambour battant, croix
levée, vont prendre au marché au
bled une méfure de froment, la portent à la troifième arche d'un pont
fur la *Meufe*, la brifent avec le bâton de la croix & la jettent enfuite
dans la rivière.

L'origine de cette farce vient de
ce qu'autrefois les habitans de *Vervier*, plus honnêtes gens alors que
les nobles bourgeois & manans de
Liège, firent une méfure plus grande
que celle de *Liège*; ce qui faifait tort
aux Chanoines, dont la méfure était
plus petite. L'interêt donna de l'hu-

meur au Chapître en conféquence il obligea les habitans de *Vervier* de prouver tous les ans par cette cére-monie que les gens d'églife ne par-donnent jamais.

Le village de *Nomale* dans la *Hes-baye* eft auffi obligé d'envoyer tous les ans la plus laide & la plus vieille femme du hâmeau porter une Oie au Chapître. Les Trefonciers entourent cette femme dans l'églife, alors la vieille forcière leur fait à chacun une grimace la plus laide poffible, & quand elle ne varie point fes grimaces, les Chanoines connaiffeurs en grimaces la lui font recommencer ; cette Comé-die fe jouë dans l'églife à la grande édification du peuple *liegeois*, admira-blement bien organifé pour s'édifier de pareilles fottifes.

Hiftoire fur les reliques. Rien ne fut plus brutal, ni plus ftupide que les Guerres que l'on fit ancienne-ment pour les reliques & le tombeau vuide de *Jéruſalem*. Le culte que nous rendons à ces chiffons ſacrés eſt l'hommage le plus équivoque & le plus ridicule que la religion puiſſe rendre aux Saints. La plûpart de nos reliques ſont apocrifes ou iſolées des temoignages qui prouvent leur autenticité. On montrait à *Tours* une croix qu'on faiſait baiſer au peuple le jour de la paſſion, ſur laquelle était une agathe antique ; dont la gravure repréſentait *Vénus* pleurant la mort d'*Adonis*.

Louis de Bourbon Prince de *Condé*, étant dans la même ville, voyant ſur l'autel le bras d'un Saint, le fit développer, on y trouva un valet de pique avec une chanſon d'amour.

A *Bourges* on trouve dans une chaſſe une petite rouë tournant ſur un bâton avec ces mots écrits au tour.

Quand cette roue tournera
Celle que j'aime m'aimera.

Dans l'abbaïe de *St. Guerlicon* en

Berry près du *Bourg-Dieu* fur le ché-
min de *Romorantin*, on voit une image miraculeuſe de ce Saint, les femmes, qui veulent dévenir enceintes,
vont s'étendre deſſus.

Preſque tous les Pélerins rappor-
tent de la *Galice* des plûmes de cer-
taines.poules de la race du cocq, qui
chanta quand *St. Pierre* renia ſon maître. A *Paris* on révère à S. *Sulpice* une pierre ſur laquelle la vierge lavait les drapeaux de l'Enfant
Jeſus. A *St. Denis* on montre la lanterne de *Judas*, ce reliquaire eſt,
dit-on, plein de vertu. A *Burgos* en
Eſpagne il y a, dit-on, un crucifix
auquel on coupe tous les mois la
barbe & les ongles. A *Rome*, on
adore l'autel, ſur lequel *St. Jean
Baptiſte* diſait la meſſe dans le déſert,
comme le témoigne le livre des Indulgences, imprimé dans la même ville.

*Les Oeuvres de Jean Jacques Rouſ-
ſeau.* La rudeſſe magnifique des ou-

vrages & les penfées de ce célèbre
Auteur font pareilles aux richeffes
des fauvages. Ses duretés philofo-
phiques ont du prix & je ne fais quoi
qui brille & qui bleffe. *Jean Jacques*
reffemble en tout à l'or & aux dia-
mants qui fortent des mines, fes livres en général reffemblent aux
corps naturels, toujours plus lumineux que les Spectres que fait la Magie.

HISTOIRE

MERVEILLEUSE ET SURNATURELLE

DE

MON COUSIN

HOM V'U.

Tous les favans du *Nord* ont été férieufement occupés, il y a quelques années, à gàter du papier à l'occafion d'une *dent d'or* furvenue à un enfant (1). Les fouffleurs

---

(1) Sur la fin du XVI. Siècle le bruit fe répandit qu'un enfant de fept ans du village de *Weildorff* en *Silefie*, avait une dent d'or. Tous les favans d'*Allemagne*, avant de vérifier le fait, en cherchèrent la caufe. *Horftius*, Profeffeur à *Helmftad*, affura que ce phénomène était pour la *Bohême* une marque affûrée de la protection divine contre les incurfions des *Turcs*;

d'*Amfterdam*, de *Londres*, de *Paris* s'étaient doublement épanouis à cette merveille qui devait prouver, difaient ils, à l'univers la fcience de *Rémond Lulle*, de *Salomon*, d'*Albert le grand*, de *Thomas d'Aquin*, des Chevaliers de la *Rofe-croix* & de tous les foux qui avoient cherché à faire de l'or dans une bouteille à l'encre, ou dans une vieille marmite à foupe.

Ce phénomène, annoncé avec tant d'éclat, difparut comme l'étoile des *trois Rois*, à l'expérience d'un Compagnon Orfévre qui reconnut que la dent était couverte d'une feuille d'or. Le *Bouhaha* des favans de l'*Allemagne* devint la rifée des favans de *Paris*.

Par une de ces avantures extraordinaires, que plufieurs perfonnes ne croiront point, mon Coulin *Homvu* était d'or maffif. Il naquit à *Pekin* en

---

enfin après une efcrime de longue haleine, on découvrit que cette dent était couverte d'une feuille d'or.

1736. En le mettant au monde , ma Tante crut avoir accouché d'un rouleau de mirlitons ; mais en entendant crier cette maffe d'or, voyant pouffer des oreilles au lingot qu'elle venait de mettre au jour, elle ne douta plus d'avoir enfanté la *pierre philofophale.*

Dépuis trois quarts de fiècle mon oncle & ma tante foufflaient continuëllement pour faire la queue d'une guinée. Ma tante , qui aimait davantage le grand œuvre que fon mari, crut bonnement que les idées d'or de mon oncle , confervées dans fa cucurbite hermétiquement bouchée , avait produit cet enfant merveilleux.

Mon coufin, n'étant encore qu'un lingot, fut comme le refte des hommes , affujetti aux infirmités de l'enfance. Il fut queftion de trouver une nourrice. Deux cens Dames de l'extrême bonne Compagnie de *Pekin* briguèrent cette faveur , car une feule nuit de mon coufin valait cent bonnes guinées à la nourrice. L'en-

fant piffait, chiait, fuait, bavait de
l'or. Par malheur ce coufin avait
des gencives d'or, il mettait en poudre les mamelons de fes nourrices ;
cent quatre vingt dix neuf Dames fûrent les martyrs de l'or & les victimes de l'expérience.

Le jeune *Homvu* allait périr d'ina-
nition lorfque l'on confulta le Dieu
Xénoti. Un *Fakir*, à qui l'on promit
un peu de la merde de l'enfant, trouva le fecret de faire parler le Dieu.
Le *Tien* répondit par la bouche du
Prêtre qu'il fallait nourrir le nouveau né avec la panade merveilleufe
d'un certain *Jean Jacques* qui fervait
alors la meffe dans les montagnes de
Savoie.

Cet enfant de bénédiction était la
corne d'Almathée pour notre famille.
Jaloux de conferver un tréfor fi précieux, mon oncle dépêcha un cou
rier extraordinaire en *Savoie.* Le
Docteur de l'Ifle de *Robinfon* voulut
bien fe charger de l'éducation de fon
fils. *Jean Jacques* vint à *Pekin*, il
fut étonné de la pureté du cœur de

mon couſin. *Homvu* dès ſa plus tendre jeuneſſe ſuivait déjà la raiſon &
la nature ; ſes mœurs étaient les premières du monde & tout le tinta-
mare de l'*Education d'Emile* n'aurait
rien ajouté à la profeſſion de mon
couſin.

Jean Jacques, confondu à l'aſpect
de cette merveille, convenait que
les hommes de boue & de crachats
ne valaient pas un homme d'or maſ-
ſif ; que la caque des premiers ſen-
tait toujours le hareng. Il eſt inutile,
diſait-il, de ſe hurter contre la raiſon pour inſtruire les hommes, on
n'en fera jamais rien tant qu'ils ſeront de terre glaiſe. Leur matière
première eſt celle de l'eprevier, ils
ſont tous organiſés exprès pour ſe
manger les uns & les autres.

Mon oncle renvoia le Philoſophe
faire des miſſions de vertu dans le
Vallais ; il trouvait que *Jean Jacques*
était pour l'humanité ce que le
P. Dupleſſis était pour l'évangile, tous
deux l'*Arlequin* de leur parti. Le ca-

ractère folide de mon coufin valoit mieux que le galimathias de fon Précepteur. C'eft le hazard qui fait la fageffe & jamais les préceptes & les loix n'ont fait un honnête homme. Mon oncle vit bientôt dans la converfation de *Jean Jacques* que ce Philofophe avait puifé fon fiftême d'éducation dans les garennes du *Vallais* & dans les petits ménages des montagnes de la *Suiffe.* Mon oncle, qui avait voïagé, affurait qu'il trouverait la même éducation dans les Dunes de *Dunkerque*, où il y a beaucoup de lapins & dans les villages des environs de *Lille*, où il y a beaucoup de *Flamands.*

Le Père de *Homvu*, quoique fou en chimie, était fage en raifon, il ne voulut point faire apprendre de métier à fon fils ; il lui donna feulement quelques idées de notre poëfie françaife pour laquelle le jeune homme avait d'heureufes difpofitions. Ce fut pour rétablir cet art décrié que mon oncle cultiva ce rare talent dans fon fils. Si mon enfant, difait-il, eft un méchant poëte, au moins il ne fera point gueux; l'hiftoire pourra-dire un jour: depuis le règne d'*Augufte* on n'a connu que deux poëtes riches; le Comte de *Tourné* & *Homvu*. C'était donc pour avoir deux époques en ce genre dans la révolution de dix fept cens foixante & cinq ans, que mon oncle permit à fon fils de fuivre les impreffions de fon inftinct poëtique.

Pour façonner mon coufin, fon père le fit voyager en *France*, où une branche de fa famille était établie. On ne fit point de pacotilles ni de porte-manteau à *Homvu*, fa merde, fa fuèur & fes crachats fuffifaient à fes dépenfes, Vingt Capitaines *Hollandais* follicitèrent l'honneur de l'avoir fur leur bord. Mon oncle le confia au plus riche. *Homvu* fut cent vint cinq jours dans le vaiffeau & y laiffa en fiante, fuèurs & crachats deux mille quatre cent quarante livres d'or. Dès le premier jour de l'embarquement Monfr. *van der*

Dendur, mesquin & avare comme un *Hollandois*, faillit d'étouffer mon coufin à force de mangeaille & de *Karmèlk* (1) Cet homme, qui savait naviger & calculer le prix des denrées de son pais, avait fait, une mauvaife plume à la main, des fractions, des additions de ce que son bœuf, fon buerre & fon fromage devaient lui rapporter à la fortie des inteftins de fon paffager ; il le faifait manger de force, tandis qu'il laiffait crever de faim fon équipage.

Le Ciel, qui voulait peut être punir l'avarice du *Hollandais*, affligea mon Parent d'une conftipation horrible. Il fut huit jours fans aller à la chaife percée. Le Capitaine fut à l'agonie. Voilà, criait-il en pleurant, une conftipation qui me coupe la gorge ; dix huit lavemens n'avaient point rendu deux grains d'or louable ; le batave était aux abois ; l'équi-

(1) Lait battu ou lait de beurre qui compofe chaque jour le maigre fouper d'un *Millionaire Hollandais*.

page, composé de gens de sa nation,
partageait son état douloureux. Une
diarrhée salutaire prit tout à coup à
mon cousin & le Capitaine admirait
avec des yeux d'envie la précieuse
déjection qu'*Homvu* venait de rendre.
Cette navigation ne fut point tranquille pour mon cousin ; chaque jour
il essuiait des brutalités du Capitaine. Si par hazard il crachait dans
la mêr, le *Hollandais* criait : Monsieur vous me ruinés, la mer est
assés riche de nos naufrages, sans
l'enrichir encore de vos rares crachats.

Comme mon cousin était d'or, on
s'imagine bien qu'il pésait beaucoup ;
cependant les mémoires publics & la
gazette de *Clèves* ont assuré que les
Baronnes & les Altesses de Westpha-
lie pésaient encore davantage, tant la
chair & la matière sont prodiguées
dans cette province.

Homvu debarque à *Amsterdam* ; les
Hollandais le convoitèrent avec cette concupiscence naturelle qu'ils ont
pour l'or. Mon cousin visita la bour-

fe , il fut furpris de rencontrer, fur cette plage étrangère à la rime, un *Poète Chinois* qui n'avait affurément nul interèt fur la banque, ni aucune affaire à démêler avec la fortune de ce tripot fameux. Mon coufin dit au poëte : mon ami il y a ici un moien de vous enrichir bien fubitement, c'eft de compofer une gazette de friponneries & du gain exceffif, que font ici les commerçans ; vos écrits feront recherchés & votre feuille périodique fera utile aux honnêtes gens pour les précautionner contre les fripons.

Mon coufin alla voir le théatre *d'Amfterdam*. Les *Bataves* ont un fpectacle national appellé le *Schouwbourg*, conduit par huit régens, la plûpart marchands de tabac, qui connaiffent le *St. · Vincent*, le *St. Domingue* & les carottes de *Dunkerque*. Avec ces connaiffances ils croient avoir beaucoup de connaiffances du Théâtre, & le peuple les prend pour des êtres diftingués à caufe qu'ils font à la tête d'une mauvaife troupe *d'Hif-*

trions. Ces régens ont une jurifdic-
tion civile & criminelle fur les acteurs, le fouffleur, le moucheur &
l'orqueftre. Si un Acteur, un gagif-
te, manquent à l'heure du fpectacle,
ils font condamnés par une fentence
de la régence à fix femaines de prifon
& chaffés fouvent après le châtiment;
les actrices trop décoltées, ou celles
qui font des enfans, fubiffent la même punition. Les *Hollandais* difpen-
fent leurs Prêtres de la continence,
mais ils veuillent que les filles de
Théâtre foient chaltes; c'eft un des
points de lcur reformation auquel ils
paraiffent le plus attaché.

Le Théâtre eft très fréquenté, on
y fait au moins chàque repréfentation
quatre à cinq mille livres de notre
monoie : la populace y court comme
les gens opulens. Toutes les mai-
fons ont des tems marqués où elles
vont en famille à la comédie ; les mères y mènent leurs enfans au fein, le
chien de la maifon & furtout leurs
fervantes. La pièce commence exactement à quatre heures & finit ré-

gulièrement à dix heures du foir. On
va prendre fa place dès midi, midi &
demi : Il faut, avoir la patience des
fept provinces unies pour tenir onze
heures de fuite fur le même banc à
contempler de la mifére.

La Salle du Spectacle a l'air majeftueux d'un chœur de *Capucins* ; elle
n'a ni conftruction, ni goût ; les dé-
corations, à l'exception de quelques
morceaux de *Lairefse*, font très ordinaires. Les acteurs, exactement déteftables, point de graces, point d'at-
titudes, ne connaiffent de parfaitement bien que les contrefens théa-
trals, ne mettent aucune intelligence dans leur jeu muët ; leurs jeftes
paffent la tête de quelques pieds &
vont toujours de droit à gauche a-
vec le bruit d'un foldat, qui fait
l'exercice *à la Pruffienne*. Ceux, qui
ont vû à *Paris* dans le carnaval les
garçons bouchers vêtus *à la Romaine*
efcorter le bœuf gras, n'ont qu'à
tranfporter ces ruftres fur *la Scène
Hollandoife*, ils auront une idée parfaite de cette nation.

Leurs pièces font auffi mauvaifes que les *Hiftrions* ; elles font dans le genre monftrueux de *Shakesper*, mais elles n'ont ni la force, ni le génie, ni les expreffions *du Poëte Anglais*. Le couftume des têtes coupées, le tableau des fièges, le viol des couvents, le maffacre de Nonnes (*) y

----

(1) Dans la méchante & mauvaife tragédie de *Gysbrecht van Amftel*, ils prennent des filles de louage qu'ils habillent en religieufes ; elles y paraiffent en bas rouges, jaunes, verds & blancs. Ces filles chantent auffi mal qu'elles le peuvent dans un chœur, une orgue les accompagne. Dans la tragédie du Comte d'*Egmont*, on amène dans la prifon de ce malheureux Prince un grouppe d'enfans de cinq à fix ans, j'en ai compté dix huit du même âge ; peut-être que c'était alors le bon ton des femmes de qualité de faire leurs enfans d'une même jettée, comme les chattes font leurs petits. Cette pièce fe termine par le tableau de la place·de *Bruxelles*, où le Prince a la tête tranchée. L'échaffaut eft entouré d'une douzaine de crocheteurs *en habits de Gala*, répréfentant les bourgeois ennuieux de *Bruxelles*.

sont rendus on ne peut pas plus pi-
toïablement.

Les juifs *d'Amsterdam* conçûrent
le noir projet de mutiler mon cousin. Comme ils faisaient les ducats
des Etats généraux, ils auraient exé-
cutés ce terrible dessein, si un de
leurs *Rabbins* à l'œil creux, au men-
ton plat & à la longue barbe ne les
en avait detournés.

Ce *Rabbin*, le moins ignorant de
la *Tribu de Lévi*, était parent du côté paternel & maternel à la *Vierge
Marie* & par le mariage de cette sainte fille avec le . . . . . . , il
se trouvait cousin issu de germain
avec les . . . . . . Le *Docteur juif*, lassé peut être d'attendre
inutilement le *Méssie*, fit un mauvais
sermon où il demontra qu'*Homvu*
était le *veritable Méssie*, que leurs
Prophétes avoient annoncé avec tant
d'éclat : oui, dit-il, à ses confrères,
il est prouvé que le *Chinois d'or* est le
salut d'*Israël*. C'est le seul de tous
les mortels, qui ont rampé sur ce
globe, dont la merde soit la plus ra-

re & la plus précieuse. Tous les hommes ont infecté leurs semblables de l'odeur puante de leurs excrémens; celui ci nous embaume de l'odeur suave & salutaire de la sienne. Si le *Messie* doit sentir le mirthe & l'encens, si les parfums de l'*Arabie heureuse* doivent découler de son front, comme dit l'*épouse des Cantiques*, quels signes plus éclatans de la mission qu'un homme venu de l'*Orient*, qu'un homme porteur d'un postérieur d'où coulera sans cesse, comme du *Pactole*, ce métal inestimable qui fait mouvoir les volontés & les bras de l'univers! quelle gloire va rayonner sur notre peuple? que les noms d'*Abraham*, d'*Isaac* & de *Jacob* vont devenir chers aux hommes! oui, mes frères, notre ancien privilège de voler toutes les nations, & l'or, que notre libérateur magnifique va prodiguer à la nôtre, nous rendra précieux aux yeux du monde entier.

Cette mine féconde d'or nous fournira de quoi acheter des champs d'où découleront *le lait & le fromage d'Hollande*. Nous ferons rebâtir *Jérufalem* ; nous quitterons les terres catholiques où nos yeux purs font expofés au fcandále de voir les *boutiques chrètiennes* remplies de jambons & d'andouilles. L'*Europe* a penfé que le *Meffie* était le fils de *Marie* , un de nos citoïens. Hélas ! comment a t'elle pu croire qu'un homme , qui n'avait pas le fol , fut le Roi d'un peuple qui fe donnerait au Diable pour avoir de l'or , ou la permiffion de rogner les ducats. *Homvu* va déciller les yeux de la terre & fon règne opulent ramènera les beaux jours de *Sion*.

On vint préfenter en cérémonie le Sceptre de *Juda* , à mon coufin ; le *Rabbin* s'offrit de le graiffer de l'huile épaiffe de la finagogue. *Homvu* , frappé de voir la majefté du peuple choifi imprimée fur les faces mal-propres de douze mille crieurs de vieux chapeaux , d'ufuriers & de feffe-mathieu , préféra la douceur philofophique à la vanité de rêgner

fur *Ifraël.* Dans la crainte que cette
nation imbécille ne le forçât à monter fur le trône de *David*, dont il
n'était pas l'héritier, il fongea à quitter la *Hollande.*

Homvu comptait d'aller en *France*
par l'occafion du mauvais chariot de
pofte d'*Amfterdam.* La veille de fon
départ, il foupa avec un Miniftre du
St. Evangile ; la converfation roula
fur la magnificence de *Rome* & les
richeffes de fon monarque. Le pré-
dicant confeilla à mon, coufin de ne
point aller en *France* : ce pais inconcevable, lui dit-il, vient de rouèr vif
l'innocent *Calas* ; les *Français* ont
commis cette criante injuftice dans
leur fiècle de lumières, en averfion
fans doute d'un Prêtre de *Noyon* leur
compatriote. Cet Eccléfiaftique, que
nous révérons comme un Saint, était
un habile homme, il avait du bon
fens dans un tems que les gens de
fon métier n'en avaient point ; il affura aux perfonnes fenfées que le Pape ne pouvait vendre ni difpofer à
fon gré des tréfors de la grace ; que

la principauté de ce Pontif était une chimère, fon infaillibilité une autre; qu'il fallait feulement fe tenir aux termes de *l'Evangile*, fans rien ôter ni ajouter à *l'Ecriture* : allés à Rome, continuait-il, & fi vous êtes curieux de voir de l'extrême ridicule, vous ferés content de cette ville; vous y verrés fur le trône ce qu'il y a de plus incroiable dans *l'Evangile* & dans les *Prophétes*.

Mon coufin quitte le Miniftre, fe met en route, faillit par fon poid de brifer la chaife de pofte, mais un peu de fon crachat y fait bientot trouver du remède. Après avoir traverfé *l'Allemagne*, la *Suiffe*, une partie de *l'Italie*, il arrive enfin dans cette ancienne capitale du *Paganifme*.

Le Pontif des croyans fut bientot qu'il était arrivé dans *Rome* un homme extraordinaire; on fent l'or dans ce pais-là, comme nous fentons à *Paris* la mauvaife odeur du Fauxbourg *St. Marceau*. Mon coufin fut admis à baifer les pantoufles du *St. Père*; il ne parut point chatouillé de cet

cet honneur ; il ne trouvait rien de divin dans une paire de mules & il ne pouvait s'imaginer que des gens de bon fens fe piquaffent d'une fi belle paffion pour des pantoufles : encore , difait-il , fi le *St. Pere* était de mon métal , ou que fes bénédictions valuffent la moindre de mes roupies , on ferait fort bien de le careffer , de le lécher , mais fes bénédictions ne profitent qu'à celui qui les vend , & ruinent ceux qui les achetent. Malgré l'abondance de fes bénédictions le *Moufti* de la *religion romaine* était encore moins aimé que mon coufin qui était *Hérétique Anabatifte* & *Philofophe.*

Le Pape demanda à *Homvu* de quelle religion il était ? mon parent étonné , vit bien à cette queftion que le pape n'avait point de religion & il lui parut fort étonnant qu'avec l'argent qu'on payait au pape pour avoir de la religion , *fa Sainteté* n'en avait point encore. La demande du *Pontife romain* était bête , y a t'il une autre religion que celle de la nature ? on a beau prouver, divifer, fubdivifer les vieux livres & les vieilles queftions, toutes les religions connues viendront aboutir à la loi naturelle.

Ce difcours ne plût point à un *P. Jacobin* qui avait du crédit à l'inquifition ; c'était une bonne trouvaille pour ce tribunal qu'un homme étoffé comme mon Coufin & peut-être une reffource pour éteindre l'avarice exceffive des officiers du *Saint-Office*. On trouva facilement des raifons d'arrêter *Homvu* : né à la *Chine*, il était *Anabaptifte*, c'était plus qu'il en faillait pour en faire un divertiffement d'*Auto-da-fé*. On l'enferma dans un appartement diftingué de l'inquifition ; & à caufe de la richeffe de fes excrémens, il fut mieux nourri que les autres prifonniers. Sa précieufe merde lui mérita cette *faveur thrétienne.*

Pour convertir mon coufin à la *foi romaine*, on lui envoia un moine de l'ordre de *St. François.* Ce Prêtre paffait pour un favant parce qu'il

favait un peu de *Grec*. Il dit à fon
Profélite : Monfieur, il faut embraffer notre fainte religion ; comme l'or-
dure que vous faites eft vraiment de
la matière louable, je vous promets
qu'avec ce fecours vous n'irés jamais
en *Purgatoire*, à caufe que vous au-
rés de quoi vous redimer de cet endroit, & même fi vous avés du goût
pour le *Paradis*, avec de l'or notre
St. Père vous y placera tout au beau
milieu ; pour de l'argent il y a bien
mis le *P. Ignace.* Si vous péchés contre la loi, ou contre la nature, pour
vous abfoudre, la *Chambre Apoftolique*
fe contentera de très peu de vos excrémens. Ici nous aimons l'or ; & une
preuve que nous aimons plus que la
religion ; c'eft que nous fommes tous
riches & que nous ne fongeons guères à la religion qu'*in articulo mortis*
pour avoir la bénédiction de *fa Sainteté* mortelle.

Par le moïen de fes rares excrémens *Homvu* corrompit fon Guiche-
tier ; comme *Danaé* il ouvrit fon fein
groffier à l'or. Ils prirent tous deux

la fuite & vinrent en *France* où ils voïagerent *incognito*. A la sortie de *Mussi-l'Evêque* ils fûrent arrêtés au goulot par une troupe de voleurs. Ces malheureux, ne voyant point de valise à mon cousin voulaient l'égorger. Le chef de la bande moins vif & plus intelligent, appercevant la sueur d'or qui tombait du front d'*Homvu*, se tourna du côté de ses camarades & les haranga. Les voleurs savent faire des harangues, plusieurs en ont fait de très jolies sur l'échelle & les *Anglais* brillent encore dans ce genre d'éloquence.

C'est l'envie d'avoir de l'or, dit le Capitaine, qui nous a fait entreprendre notre dangereux métier. Il est démontré, Messieurs, qu'excepté soixante fermiers généraux, personne en *France* ne s'avise de voler sur les grands chemins avec cinquante mille livres de rente. Voici un moïen de nous convertir que le ciel présente à nos cœurs endurcis : que l'or les amolisse, Messieurs ! gardons ce précieux

Chinois pendant quelque tems, ſes ſueurs, ſes excrémens nous enrichiront à jamais. Mon couſin reſta ſix mois avec cette troupe, & dès que les voleurs fûrent enrichis, ils lui rendirent la liberté & quittèrent leur déteſtable métier en béniſſant le Seigneur d'avoir employé des moyens ſi riches & ſi miſéricordieux pour les remettre dans le chemin étroit du ciel. Ils virent que l'or était neceſſaire au ſalut & valait mieux que les prières des *Derviches* & des *Moïnes* ; car tous les *Miſſionaires* & tous les *Capucins* du monde n'auraient dans cette occaſion point fait tant de fruits que les excrèmens de mon couſin.

Mon couſin vint à Paris, s'informa de ſes parens, & me prit particulièrement en amitié. On ſçut bientôt dans cette ville qu'il y était arrivé un *Chinois* d'or. La police, qui a la commiſſion de troubler les honnêtes gens, ne tarda pas à roder au tour de notre maiſon : Monſieur *Emery*, qui a porté longtems le caducée

O 3

du vieux B * * * était dans les environs avec ſes mouches pour s'informer du nouveau venu, dans le deſſein, ſans doute, d'attrapper un peu de ſes excrémens. Il queſtionna nos Domeſtiques pour ſavoir ſi le *Chinois* n'était point un Auteur qui écrivait contre les *Jéſuites*, ou s'il ne compoſait point quelques ouvrages philoſophiques ; s'il ne conſpirait pas contre l'Etat en éclairant les hommes ſur l'inutilité du *Purgatoire.*

Les Rues, où mon Couſin paſſait, étaient remplies de plus de monde que quand *Sa Majeſté* venait tenir ſon lit de juſtice pour nous demander de l'argent. De jolies filles venaient préſenter leurs mouchoirs à *Homvu* & l'engager à ſe moucher une fois en leur faveur. Quantité de perſonnes avec des ſerviettes blanches s'eſtropiaient pour recueillir ſes crachats plus riches dix fois que ceux qu'on porte avec tant de faſte ſur des habits galonés. Les rues, où nous paſſions, rappellaient aux vieilles gens l'ancien empreſſement de la rue *Quinquempoix*. Oui, difaient les vieillards, nous avons eu autrefois la même fureur pour du papier & nous étions très à plaindre.

Mon coufin, étonné de l'ardeur qu'on avait pour fa fiente, fes fueurs & fes crachats, me dit : *Xan-Xung*, comment les *Français*, fi aimables, font-ils fi paffionnés pous l'or ? en traverfant la rue *St Honoré*, *Homvu* eut befoin de lâcher l'eau, il entra dans une allée : de belles Dames, qui logeaient au premier, s'apperçurent de ce befoin, defcendirent précipitamment avec leur cuvette ovale & fe difputèrent l'honneur de la préférence. Le *Chinois* leur remontra l'indécence d'exaucer leurs vœux. Bon, repondit l'une, il eft bien queftion de décence à l'afpect de l'or ! avons-nous peur d'un objet avec lequel notre vertu fe familiarife de jour en jour.

Mon coufin préféra la cuvette ovale d'une belle blonde, qui n'avait jamais rien blanchi de noir ; il alla dans un coin remplir les befoins de la nature & en s'éloignant de cette allée il me dit : comment se peut-il que des femmes perdent la retenue de leur Sexe pour un peu d'or ? ne vous en étonnés pas, avec le quart d'un de vos cheveux, vous en trouveriés mille qui se prêteraient à vos volontés & à vos caprices.

Nous allâmes à *S. Sulpice.* Le riche Curé de cette paroisse prêchait devant huit Evêques sur la vanité de l'or, le mépris des richesses & l'obligation que les Prélats avaient d'imiter la pauvreté du *bon Jesus* leur maître & leur modéle.

La riche étoffe de mon cousin fut apostrophée dans tous les points du Sermon ; il me dit en sortant : voila pourtant un homme, qui a bien décrié & calomnié l'or ! je trouve admirable que votre police ait établi des gens pour inspirer aux peuples l'horreur d'un métal, dont ils paraissent tous possédés. Oh ! ne vantés point dans ce pays la police, ni la religion, & n'allés point croire le moindre mot de ce que ce Curé vient de prêcher;

les Prélats, qui l'ont écouté si attentivement, savent bien que ces fleurs
de rhétorique ne sont que du style,
ils n'ont garde de mépriser l'or pour
un Sermon, ni pour mille. Les gens
de cet Etat sont obligés, il est vrai,
de renoncer à la chair & aux richesses; malgré leurs vœux ils ont de
l'or dans leurs coffres & souvent de
la chair dans leur lit qui n'est point
la leur, mais de la chair appétissan-
te qui appartient à des maris commodes, ou qui leur vient de chés
la *Varennes* ou de chès la *Dubuisson*.

Ces Sermons ne sont point faits
pour les curés de *Paris*, ni pour les
Prélats du Royaume, c'est pour
quelques milliers de *Dindons* épars
dans les églises, à qui l'on tache d'inspirer le mépris des richesses pour les
consoler de leur pauvreté. Les Prélats, remplis de l'éloquence du prédicateur, se garderont sérieusement
d'abandonner leur or ; tout au contraire ils solliciteront en Cour pour
obtenir quelques riches Abbayes.
Voila où se terminent nos instruc-

tions, nous déclamons favammant fur ce que nous adorons ; & le fruit que nous recueillons de ces exhortations, c'eft de conferver toujours nos richeffes, nos faibleffes & nos vices.

Si les fermiers de l'orateur, qui vient de méprifer fi éloquemment l'or & l'argent, lui refufaient demain le payement de fa dîme, Mr. le Curé de *St. Sulpice* mettrait tous les pouffe-culs & les Procureurs de *Paris* à leur trouffe ; avec fon Sermon fur la haine des richeffes vous verriés un beau carillon dans les trois chambres du parlement ; peu-être que l'affaire irait au Confeil du Roi ; car pour avoir de l'or, on a imaginé des Confeils, des Arrières-Confeils & des Enquêtes, & pour voler cet or aux particuliers & au Roi, on a crée les cinq groffes fermes.

Mon coufin ne favoit que penfer de ces réflexions, il n'y voyait qu'un profond galimathias : je m'expliquai, il vit que j'avais raifon & que tous les hommes étaient des monftres ou des fous. Comment, me dit-il, si l'on prenait un des mes crachats dans les mains d'un de ces hommes qui les a ramassés sur la rue, on ferait donc un procés au voleur ? bien pis, lui dis-je, le larron serait pendu, & suppoſant que votre crachat pésât une once, l'once d'or vaut en France 80. Livres, dans quatre vingt livres il y a trois cent vingt pièces de cinq ſols ; ſi trois cent vingt perſonnes, vêtues d'habits bigarrés, prenaient chacune la trois-cent-vingtième partie du crachat, les trois cent vingt perſonnes bigarrées feraient pendues. Les cheveux d'or de mon couſin lui dreſsèrent à la tête, il trouvait abominable d'étrangler un homme pour cinq ſols. Un tort de cinq ſols, fait à la ſociété, diſait-il, peut-il égaler la vie d'un homme ! c'eſt votre rage pour l'or & pour les ſols, qui a imaginé ces loix cruèlles & barbares.

Mr. de *Silouëtte*, occupé du bien de l'Etat & informé que mon coufin était d'or, fongea à tirer parti de fon étoffe ainfi qu'il avait fait des chandeliers de fa paroiffe. La nation, difait ce favant Miniftre, ne prend plus d'interêt à la patrie, depuis qu'elle n'eft plus rien dans l'Etat. Il y a dans ce royaume d'excellentes têtes, pleines de bons projets pour acquitter les dettes de la nation; mais ces excellentes têtes ne veulent point s'expofer aux difgraces du Miniftre, qui ne profite de rien. On a écrit fi profondément fur l'inutilité des fermiers généraux, on a démontré à l'œil comme au doigt que le Souverain ferait plus riche fi l'on fupprimait les quarantés frippons, qui fucent la capitale & les provinces. Ces écrits lumineux ont fait l'admiration de *Paris* & la Cour a defendu aux bons citoyens de l'éclairer davantage fur l'abus des *cinq groffes fermes.* Le *Français*, détaché de fa patrie, perd infenfiblement l'amour qu'il avait autrefois pour elle. Le plus fage dit en lui-même; que la

roue de l'Etat aille comme elle peut'!
je payerai quelques deniers & quelques fols pour livre ; j'ai affez de
bien pour acquitter galamment cette
dette ; faifons comme les Moines ,
difons toujours du bien du Couvent
& de Mr. le Prieur, & laiffons tomber
la communauté dans la médiocrité.

Homvu eut une grande conférence
avec les Miniftres ; il leur démontra
que le feul moyen de bien gouverner , était de trouver des Généraux
& des Miniftres de fon métal. Comme la foif de l'or vous étrangle
tous , leur dit-il , prenez un Général d'or, il ne fera point curieux de
trahir le Roi pour faire fa bourfe ;
n'ayant pas befoin d'argent, il fera
plus de cas des hommes ; car vous
regardés vos citoyens & vos foldats
à peu près comme les paquets de ba-
les de fufil; dans une affaire vous ra-
contés avec beaucoup de fang froid
que vous avés perdu vingt mille hommes comme vingt mille cartouches ; il
parait que vous ne faites guères plus

de cas des premiers que des derniè-
res.

Pour achever de bien gouverner
votre royaume, il vous faudrait un
Miniftre comme moi ; pour croire à
votre religion, un Pape comme moi ;
& pour adminiftrer vos finances, un
Controleur comme moi. Avec des
gens de mon étoffe, vous n'auriés
plus befoin de fermiers qui vous vo-
lent.

Pour faire fervir aux befoins de
l'Etat les excrémens de mon Coufin,
Mr. de *Silouëtte* voulait l'envoyer à la
Baftille ; un Commis du bureau de la
guerre le détourna heureufement de
ce deffein ; la fiente de ce *Chinois*,
dit il, au Miniftre, n'eft point capable de fournir à nos fottifes, laiffons
la au peuple pour l'enrichir ; nous
repomperons les richeffes du Peuple par la machine des *cinq groffes
fermes.*

Homvu tomba malade. Les meilleurs Médecins de *Paris* vinrent en
foule lui offrir leurs fecours meurtriers.

Mon coufin , par complaifance pour nous , fuivit quelques unes de leurs ordonnances & les Médecins l'affaffinèrent. Nous comptions hériter le précieux cadavre de *Homvu*, helas ! que nous fûmes trompés ! le *Fifc* vint reclamer cette fucceffion , fous le prétexte que les trofors découverts lui appartenaient. Nous appelâmes la caufe au Parlement. Après avoir griffoné beaucoup de papier & fait brailler raifonnablement les plus fameux Avocats de *Paris*, la Cour décida que les Loix de *Conftantin*, que l'on fuit en France à caufe que l'on n'y fait pas faire de bonnes loix , n'ayant rien dit des cadavres d'or , ni d'argent , le *filence* du légiflateur le donnait *par droit de conquéte & de trouvaille* au *Fifc*. Pour empêcher les murmures du public , la Cour régla dans la fentence , que le cadavre ferait depiécé & que d'icelui , devant qui appartiendrait , feraient faits legs pieux & profanes.

Mr. *Germain* vint , avec douze ouvriers , faire cette opération. On donna la tête de mon coufin à l'églife de *Notre Dame*. Comme l'or & l'argent ne font point hérétiques, ni excommuniés à *Rome*, ni à *Paris*, Monfeigneur l'Archevêque *Chriftophe* fit faire un beau foleil, ou remontrance, au *très Saint Sacrement de l'Autel* avec la tête d'un hérétique, mort fans billet de confeffion.

On léga le cul de mon Coufin à *Sulpice* pour en faire une belle *Notre Dame* d'or. Quelques critiques ne manquérent point de repréfenter au Curé *Languet*, qu'un derrière n'était point décent pour faire une bonne vierge. Bon ! repondit-il, j'en ai bien fait une d'argent avec les cuvettes ovales de deux vierges de l'*Opéra*, mortes fur les rechauds de *St. Côme*; le feu purifie tout. On donna les deux mains de *Homvu* au Maréchal Duc de *R....u. Paris* applaudit à cet article de la fentence, car Monfeignuer aimait l'or & était digne de l'aimer. Il le gagnait fi adroitement, il en faifait fi bon ufage,

qu'on

qu'on était perfuadé qu'il allait encore bâtir un beau Sallon fur les *Boulevards*, acheter des tableaux mouvants & peut-être des filles pour ufer plus tranquillement fes vieux jours.

Beaucoup d'Auteurs, qui ne connaiffaient l'or que par rélation, pour gagner quelques fols en décriant les richeffes, faifirent l'occafion de la mort de mon Coufin pour chanter les vanités paffagères de ce monde. La capitale fut noyée de mille jolies brochures, dont la moindre valait mieux que tout l'or qu'*Homvu* pouvait produire. Malgré tant de fublimes talens, les Auteurs ne faifaient qu'enrichir les libraires & augmenter leurs impertinences.

Mon père, ruïné par ce maudit procès, n'avait plus d'autre légitime à me donner que fa bénédiction; je ne la lui demandai point, & pour gagner du pain, je fongeai à compofer de mauvais vers. Je n'avais que cette reffource, ou celle de préfenter

P

un bout de piſtolet aux gens, qui s'a-
vifaient de reſter trop tard dans la
rue. Les ſentimens honnêtes, que
ma naiſſance m'avait inſpirés, m'em-
pêchèrent de prendre ce métier, je
pris celui de Poëte. La méchante police de *Paris* ne voulut point me permettre de rimer.

HISTOIRE
DE LA
PROCESSION
DU GRAND
GÉANT DE DOUAI.

L A Proceſſion du Grand Géant ſe fait tous les ans le premier Diman-che après le 16 de Juin. L'origine de cette fête ſe perd dans l'antiquité. Les Auteurs, qui ont écrit ſur cette matière, ont, comme les Theologiens, donné leurs doutes & leurs conjec-tures pour des lumières.

Buzelin, dans ſes annales écrites ſur le ton de nos vieilles légendes, lui donne deux origines, qu'il attri-bue au ſecours merveilleux de *St. Maurant*, Patron de *Douai*. Il aſſu-re qu'en 1556. *Gaſpard de Colligny*, voulant furprendre cette ville, avait exprès choifi *la Veille des Rois*, fachant que les habitans étaient cette nuit enfévelis dans la bierre & le vin. Le Saint, qui tremblait pour fes fidèles ivrognes, alla trouver le fonneur de la collégiale de *St. Amé*, à qui il ordonna par trois fois de fonner les matines. Cet homme, qui n'avait point cuvé fon vin & qui fentait le danger d'éveiller trop tôt les Chanoines, mollement enveloppés dans leurs toiles & encore anéantis dans les fatigues de la veille, refufa d'obéir. Après un débat ridicule, que *Buzelin* rapporte, il fe léve & va fonner les *Matines*; mais pour un miracle de la grace, au lieu de fonner en branle, il donne le tocfin & l'allarme. Ce bruit effrayant éveille le peuple, on court en foule fur les Ramparts & l'on trouve *St. Maurant*, vêtu d'un habit de *Bénédictin*, fémé de fleurs de lis d'or, qui deffendait la porte de la ville. Le Saint fleurdelifé voulait, fans doute, faire paroli avec les *étendarts Français*.

Le même historien raconte cette même avanture & la donne comme une ruse des ennemis pour surprendre les *Douaisiens*; il dit que les *Français*, cachés dans les bleds, avoient amenés d'*Arras* deux machines roulantes., fort épaisses, faites en forme de pieds de chèvre, qu'ils devaient lancer dans la porte, ou sous la herce aussitôt qu'on l'ouvrirait & pour mieux a-morcer les *Flamans*, ils avaient lâ-ché vers la porte un cheval sans bride pour les engager à courir a-près.

St. Maurant, à qui l'historien don-ne toujours le soin de proteger les *Flamans*, alla tirer un coup de canon sur le Rampart; le bruit fit connaître aux ennemis qu'ils étaient découverts, ce qui les obligea de se retirer. En considération de ce miracle, on in-stitua une procession solemnelle, où l'on traina les deux machines, dont on fit après deux figures gigantes-ques. Cette avanture a été mise en rimes plates & enchassée dans un ca-dre que l'on exposait sur l'Autel de

St. Maurant, où le peuple venait la lire aussi respectueusement que le *St. Evangile.*

Cette procession commence par les corps de métiers. Chaque corps a quatre torches, ce sont des grands bâtons où pendent les hiéroglyphes de leur métier · les *Savetiers* ont de vieux souliers ; les *Bouchers* une pièce de lard, des andouilles, des têtes de veau ; les *Poissonniers* des harans & des queues de morues. Chaque corps a sa croix d'argent & le patron attributif du métier. Les Tailleurs, gens de précaution, ont *St. Homme-bon* & le *Sauveur du Monde*, par ce qu'ils ont besoin de toute la Rédemption pour se sauver, & cela dépuis que l'on s'habile dans les *Pays-Bas*. Les Maîtres, les Compagnons, les Apprentifs marchent sur deux lignes le chapeau sur la tête & la canne à la main. Cette façon leste d'assister aux processions est particulière à ces peuples.

Après cette tirade de corps de métiers, un enfant habillé, en Ange,

monté fur un *cheval bénédictin*, fuperbement enharnaché , porte l'étendart de la moinerie , où eft écrit en
grandes lettres rouges ce verfet du
Pfeaume.

ETIAM SI FUERINT SATU-
RATI, ET MURMURABUNT.

L'ange de la moinerie eft fuivi
d'un gros frère Capucin, porteur d'u-
ne croix de bois , où pend une verge
& une difcipline. Ce trifte étendart
annonce dix *Peres Capucins* bien nourris ; les *Révérends indignes* marchent
fans manteaux & dans un honnête né-
gligé. La décence & la modeftie ,
qui conviennent à des *Capucins*, ac-
compagnent leurs pas.

A leur fuite vient une compagnie
de cent hommes, appellée les *grands
Carmes*, qu'on diftingue de leurs frères Cadets par la fierté de leur marche. Ces moines du Vieux Tefta-
ment portent l'image de Notre Dame
du *Mont-Carmel*. Les *Flamans* faluent
profondément ces Bonzes , en leur di-

sant · voilà dès Serviteurs de Dieu.
Suivant la liste des indulgences du
Carmel, il est dit : que si quelqu'un,
de quelque condition & qualité qu'il
puisse être, rencontre un *Carme* & le
salue en lui disant, *voilà un Servi-
teur de Dieu*, il gagne cent ans d'indulgence. Les *Flamans*, qui sont
frians des trésors de l'Eglise, ne
manquent jamais de saisir l'occasion
favorable de leur procession pour gagner cent mille ans d'indulgence *in
globo*.

A la suite de la Reine des cieux &
des scapulaires, on voïait Notre Dame du *Rosaire*, entourée de chapelets & de la famille de *St. Dominique*.
Suivaient après Notre Dame de *Lorette*, Notre Dame de *Bonne espérance*, Notre Dame de la *consolation*,
Notre Dame de *Grace*, Notre Dame
de la *bonne joie*, Notre Dame des *Sept
Douleurs*, Notre Dame de la *Paix* &
Notre Dame de *Remède*, escortées des
frères de l'hopital des Incurables de la
Trinité, ayant à leur queue le *Grand
Seigneur* le Turban sur l'épaule.

Une boutique ambulante de croix annonce les deux Chapitres, deux cent Reliquaires & le glorieux *St. Maurant*; des Chantres gagés dégoisent avec distraction en l'honneur du Patron ce verset.

Sicut unguentum quod descendit in barbam Aaron.

Dix Bedeaux annoncent le *Magnifique* (1); les Docteurs des quatre facultés, les Bacheliers en Droit & en Medecine, vêtus de rouge, tiennent d'une main des éventails & de l'autre jettent des dragées à la tête du beau sexe. Cette cérémonie passe pour une grande politesse, tant les *Flamans* ont de courtes idées du savoir vivre.

Un Timbalier, six Trompêtes, précédent une cavalcade d'Ecoliers, conduite par les R. R. P. P. *Jésuites*,

_____

(1) Titre qu'on donne au Recteur de cette petite université.

qui marchent à pied. Les étudians, vêtus de Robes de chambres de Callemande de différentes couleurs, repréfentent les peuples de l'*Afie*; & pour augmenter l'éclat de la fête la cavalerie fait de moment à autre des décharges de piftolet.

A la queue de cette cavalcade parait un *char de Triomphe*, il repréfentait l'établiffement de l'Univerfité de *Douai*. *Philippe II*. Roi d'*Efpagne* fiégeait au haut fous un *Dais de cuir doré*. Sa Majefté, figurée par un écolier, était vêtue d'un cafaquin d'*étamine noire*, galloné de *papier blanc*. Le prix du vêtement était réhauffé par des paremens de papier, où reftait l'empreinte des Macarons qu'on avait façonnés deffus : La coëffure d'un pain de fucre, artiftement rangée fur un feutre repaffé à neuf, lui fervait de couvre-chef : un manteau noir, où l'on avait peint des Lampions, tenait lieu de manteau royal une toifon de fer blanc paraiffait de loin un des plus beaux bijoux de la Couronne d'*Efpagne* : des manchettes de papier, découpé en forme de denteles, relevaient encore l'air majeftueux du Prince; en un mot cette cérémonie figurait à peu près un *Auto-da-fé*, dont *Philippe II.* orné d'un *San-benito*, repréfentait la victime.

Un grand enfant de Chœur, vêtu de rouge, figurait à côté du Roi, Son Eminence le Cardinal de *Granvelle.* Le Prélat donnait la bénédiction à l'Univerfité & par ricochet aux filles enceintes, qui fe trouvaient fur fon paffage. Au pied du Roi on remarquait le génie de la ville de *Douai*; d'une main il ténait l'écuffon des Armoiries de la Ville & de l'autre le caducée brifé de *Mercure.* Ce génie était exécuté par une fille de quinze ans, extrêmement jolie; fa coëffure, femblable à celle de la Déeffe *Cybelle*, était ornée de Tours, de Baftions & de Fortereffes, pour fignifier peut-être que la tête des flamans eft une place fortifiée d'ouvrages à cornes; elle était dans un déshabillé jaune,

garni de rubans verds & de barbeaux
qui jettaient un éclat furieux fur
l'Univerſité

Au milieu du char on voïait le
Prince détroné des Philoſophes, le
grand Ariſtote tenant un éteignoir;
un peu plus bas *l'arbre fameux des
Catégories*; à ſon côté le *R. P. Bougeant*, la robe pleine de Chats, de
chiens, de Hannetons & de Rhino-
ceros; il levait une banière où é-
taient ces vers.

> *De cent Queſtions que voici,*
> *L'une eſt médiocre, l'autre eſt bonne*
> *Beaucoup ne valent rien : mais qu'on ne*
> *s'en étonne*
> *Nos Queſtions ſons ainſi.*

La *Medecine* était repréſentée par
une Déeſſe vêtue de noir, qui tenait d'une main les ciſeaux des Par-
ques & de l'autre ces vers pour re-
mémorer aux *Flamans* la merveilleuſe
recette d'*Hippocrate*,

Armons-nous tous de la bouteille
 Car fans le vin
 Le corps humain
 Eft en langueur
 Le Jus de la treille
 Le met en vigueur.

La *Chirurgie* était figurée par un Squelette, qui tenait un rafoir avec ces mots : *Je rafe proprement.* La *Pharmacie* avait fur la poitrine une médaille d'or, où était gravée l'image de la Déeffe *Cloacine*, elle tenait précieufement un pot d'*Albium grœcum.* La *Morale* habillée par les *Jefuites* tenait d'une main un grand cartouche, où on lifait ces mots : *La phifionomie de la Foi varie à l'infini* : & de l'autre un thermomêtre avec cette devife.

 Les vents de Loyola font monter ma liqueur.

La *Théologie* était répréfentée par une fille *Efpagnolle*; deux-Jéfuites lui bandaient les yeux, elle tenait toutes les lettres du faux *Arnaud.* Ce fauf-

faire était fous fes pieds , le front couvert de plumes de chats-huants. Le
Droit était fimbolifé par une vierge
couronnée de clouds de géroffles , de
canelle & de poivre concaffé ; le tout
bien & dûment collé fur de vieilles
lettres de provifions. Deux *Jefuites*
lui offraient la *Bulle* du *P. Tellier* qu'elle
baifait refpectueufement ; alors les
Inigiftes criaient : *bene , bene : digna ,
digna es intrare in noftro nigro corpore.*

Vers le bas du char on voyait le
vieux *Defpautere* , vêtu d'un antique
parchemin rempli de fcolion. Il portait un Thiare de papier gris , où é-
toient écrites en abrégé les règles de
l'ablatif abfolu. On avait attaché à la
ceinture de fa culotte cette régle du
Rudiment , où il eft dit : qu'*il faut
accorder le fubftantif avec l'adjectif en
genre , en nombre & en cas. Defpautere* tenait un grand carton , où é-
toient deux colonnes ; dans la première on avait mis tous les *génitifs*
du genre féminin ; dans la feconde
tous les *nominatifs* du genre mafculin ; au bas on lifait ; *le nominatif maf-*

culin ne doit point enjamber fur le génitif féminin, à caufe que le génitif eft
le créateur du nominatif & que tous les
cas dérivent de lui.

Le fecond Char repréfentait le
Temple de la Déeffe *Vefta*; onze filles, auffi pucelles que leurs mères,
étaient les gardiennes du feu facré.
Ces vierges étaient fuperbement dé-
corées; on avait choifi exprès celles qui avaient plus de gorge; ce
Char avait l'air d'une boutique de *Tétons Flamans*. Ces onze veftales figu-
raient la ftérilité du païs Un chœur
de Mufique couronnait cette céremonie, en chantant, dans la langue fa-
vante du païs, le cantique fuivant.

A la fête fous l'ormiau,
Danfant avec les filettes;
Nous n'avions mi de capiau,
* De coches, ni de Brayettes;*
Et quand nous faifions des fauts,
Nos kemifes étaient trop courtes,
On voyait nos affutiaux.

Les jeunes filles, en danſant,
Faiſaient un peu la nitouche;
 En lorgnant par devant
L'iau leur venait à la bouche
Et quand nous faiſions des ſauts &c.

Nous leur diſions en riant
Ne penſés point à malice.
 Lorgnés belles hardiment
Tout ça ſe porte à l'egliſe
Et quand nous &c.

Jacques Tonniau ce gros rioux (1)
Leur diſoit d'un air de goualle.
 Tenés fillettes pour vous
Ça vaut mieux qu'un quart de toile
Et quand nous &c.

----

(1) Railleur.

Ces

Ces deux chars étaient fuivis d'un vaiffeau de ligne ; il repréfentait l'*Arche de Noë*. Ce confervateur de la mauvaife efpèce humaine était figuré par un faifeur de mords , qui embouchait les *quatre Facultés*. Sa tête était couronnée de pampre ; à fes pieds on lifait ces vers.

Dans les couvens cette liqueur vermeille
Nourrit la paix , entretient l'amitié
Sans vos charmes puiffans fécourable Bouteille ,
Les Saints Fakirs *féraient fans charité.*

On avait habillé *deux cens Flamans* en bêtes. Leur air naturel ne rendait pas la métamorphofe fenfible. Le Bœuf était repréfenté par un Doéteur en Médecine ; le Renard par un Procureur ; le Cocq par un Carme du grand Couvent ; l'Ane par un *Mathurin*. Un *Jéfuite*, habillé en Corbeau , précédait l'arche ; il portait à fon col ces vers.

Q

Un Moine! ô Dieux, quel animal!
Jamais la sinistre Corneille,
Ne fut d'augure plus fatal.

Venait ensuite une roüe ; appelée
la *roüe de fortune.* Un homme vêtu
en Pantalon, avec un nez postiche,
était le conducteur de cette espèce
de voiture. Deux roues, qui servaient
à conduire la machine, donnaient le
mouvement à une roüe de rencontre, qui faisait tourner la quatrième.
Sur cette dernière on avait rangé des
figures de grandeur naturelle, qui re-
présentaient les différens Etats de la
vie, caractérisés par chaque personn-
nage. Au milieu de la roüe on voyait la fortune. Cette machine traçait
la vicissitude des fortunes humaines,
en montrant les personnages tantôt
en haut, tantôt en bans.
Le fameux géant & son épouse
marchaient, en dansant au son du
tambour un menuèt en grand, tandis que leurs enfans l'exécutaient en
raccourci. Ce géant est dela hauteur
de vingt pieds : sa femme de là même

taille ; leur. troifième. enfant. eft en béguin & tient, un hochet ; il a huit pieds de haut.; les mères le font bai- fer à leurs enfans., qui. pleurent. fi cette faveur ne leur eft accordée. Cette attention des parens allume, de bonne heure dans le cœur des *Flamans*, l'amour qu'ils ont pour cette famille ; car le plaifir, qu'ils ont de voir danfer leur grand géant, les cha- touille trois mois d'avance.

Cette Proceffion, fainte & ridicu- le, eft entourée d'une multitude in- nombrable de *Flamans*, dont les cha- peaux font décorés de branches de bui beni, d'une image du *St. Suaire* & d'un billet, qui a touché à la tête des *trois Rois* (1). Cette fête s'exé-

———————

(1) Les *Flamans* font fort fuperftitieux & très dévots à la meffe, ils achalandent avec foin les Eglifes, où les prêtres ex- pèdient plus vite ce facrifice. Le mo- ment, où ils paraiffent plus recueillis, eft celui, où le Miniftre dit ces paroles *fur- fum corda* ; alors ils font avec le pouce une croix fur leurs cols ; ils prétendent que

cute encore tous les ans ; & à la honte de la Religion, que les Flamans ne connaiſſent point encore, on voit dans la même cérémonie les reliques des Saints, les Prêtres & le chant de pſeaumes confondus avec les maſcarades, les pantalons, & l'indécence. Tout ce qu'il y a d'édifiant dans ce carnaval ambulant, c'eſt qu'il retrace chaque année l'injurieux parallelle de Dieu & de *Barrabas.*

---

cette cérémonie les empêche d'être pendus ; cependant malgré leur dévotion au *furſum corda*, on en pend plus chès eux, proportion gardée, qu'à *Paris*, où cette tendre dévotion n'eſt point connue.

HISTOIRE
DU RÉVÉREND
PERE DU PLESSIS
MISSIONNAIRE
DE LA
COMPAGNIE DE JESUS.

*Pourquoi les Dieux m'avoient-ils
fait si bête ?*

LEs Auteurs de la défunte Compagnie de *Jesus* ont été partagés sur le lieu de ma naissance. Le grand confesseur *Berthier*, facteur d'un journal, qui n'était plus lisible, me fit naître à la *Martinique* ; le Pere *Bougeant* dans l'Isle des *Houynbubmus* ; le *P. Corvette*, mauvais Auteur, dans le païs désert, où *François Xavier* a converti six mille ames.

Q 3

Mon éducation fut remife à Monfieur & Madame Duplat de Quimper-
corintin. Mr. Duplat était un homme crédule & le mortel le plus propre à être attaché au char de la foi ;
le bandeau de l'évangile femblait être
fait exprès pour fes yeux. Madame
était une femme dévote, qui citait
Dieu à chaque parole, le prenait en
vain à chaque inftant. Un domeftique avait-il la gale, ou quelqu'autre
infirmité, parente à cette maladie ;
c'était une punition du Seigneur, qui
fe vengeait de la négligence de fon
fervice ; le châtiment venait de la fervante d'un Chanoine, elle le tenait
de fon maître, qui l'avait apporté du
Séminaire

Cette Dame, fort fuperftitieufe,
avait vu tous les défunts minois de
Meffieurs fes Grand-Pères : apperce-
vait-elle à fon reveil une tâche fur
fon linge, ou quelques marques fur
les bras occafionnées par une mauvaife
attitude, la famille allarmée croyait
auffitôt qu'un Trépaffé était venu la

châtouiller , ou la pincer pendant la nuit ; une falière renverfée , des couverts ou des couteaux croiffés , un pain mis à rebours la faifaient trembler.

La première éducation qu'ils me donnèrent , fut de m'apprendre à baifer la main , lorfqu'on me préfentait quelque chofe. La· main , dans l'efprit de Mr. *Duplat* , avait les prérogatives des reliques. Le premier favoir qu'on m'inculqua , fut la diftinction de la droite & de la gauche , la première fous le nom de *belle main* & la feconde fous celui de *laide main*. Je ne pûs atteindre qu'avec beaucoup de difficulté à ces dégrés de perfection. Mr. *Duplat* défefpérait de mon éducation ; il difait fouvent à fa femme Madame *Dupleffis* fera gauche des deux mains.

Mes précepteurs , voyant que je ne pouvais difcerner la main gauche de la droite , s'aviférent de mettre , dans la poche droite de mon habit , un morceau de fromage , & un morceau de pain dans la poche gauche ;

Q 4

alors·Mr. *Duplat*·me disait : *Duples-sis*, présentés la main du côté du fromage ? *Dupleſſis* ; présentés la main du côté du pain ? cette induſtrie lui réuſſit, à moins de trois mois, je préſentai les deux mains comme un Ange & j'appris la diſtinction parfaite de la droite & de la gauche ; ce qui me donna une connaiſſance très intime de mes deux mains.

Briſé, anéanti dans la connaiſſance de mes deux mains, je paſſai aux élémens de Mathématique. Mr. *Duplat*, chargé de mon inſtruction & de celle de ſes filles, me donna les prèmières notions de la perpendiculaire, en me montrant à faire l'arbre : cette figure conſiſte à ſe tenir ſur la tête les Jambes en l'air. Mon Précepteur concluait, de cette image, que tout homme décrivant une pareille perpendiculaire ne pouvait perdre ſa culotte. Les Demoiſelles *Duplat* n'eurent aucune connaiſſance de cette figure, on les bornait aux idées des *ſurfaces* & des *corps*.

De cette premiére leçon, je ſautai ˎ

à la connoiffance du cercle & l'utilité du rouage. Mr. *Duplat* m'enfeigna l'art de faire la rouë : cette fcience confifte à fe renverfer fur les mains , fe redreffer fur les pieds , retomber fucceffivement , fe relever de même & parcourir de la forte un certain efpace affès confidérable. Les Demoifelles *Duplat* ne fûrent pas encore éduquées de cette partie de Géométrie; les filles ont apparamment moins d'égalité que·les garçons ; peut être auffi que la péfanteur des Corps les ferait tomber fur le dos; pofture honnête, dit Mr. de *Voltaire*, où toute fille doit tomber.

La connaiffance du levier vint à la fuite de ces inftructions : elle confifte dans la théorie de la culbute. Le méchanifme de cet art fe réduit à pofer les mains par terre, jetter le cul en avant, de-forte que les pieds paffent perpendiculairement au deffus de la tête & de fe relever du même coup droit fur les pieds. Les filles de Mr. *Duplat* n'apprirent point à faire la culbute; le Pere la regardait comme une science infuse dans le beau sexe.

L'expert *Duplat*, pour conserver chés lui la simplicité du jeu & nous continuër ses leçons de Mathématique, avait imaginé un jeu appellé, *Laché-tirés*. Ce jeu, sans contredit, le chef d'œuvre de l'esprit humain, s'exécutait avec les jarretières des joueuses & des joueurs : Une des Demoiselles *Duplat* en tenait tous les bouts, chaque joueur avait son bout, & dès que celle, qui tenait tous les bouts, criait *tirés*, nous devions lâcher notre bout & tirer lorsqu'elle disait *lachés*. Il y avait des jours de dévotion, où les Demoiselles *Duplat* ne voulaient point jouër à *lâchés-tirés*, de peur que leurs jarretières n'eussent scandalisés le prochain.

Notre Mentor nous avait appris à jouër avec intelligence le jeu de la *main chaude*. Mon esprit à ce jeu sortait de tous côtés, pétillait comme un feu d'artifice : jamais les Auteurs de l'Encyclopédie n'attraperont comme moi le talent d'appliquer une

main sur une autre. Ce jeu m'a donné d'abondantes notions des surfaces
& le moïen de les multiplier à chàque instant aussi promptement que
l'éclair.

Comme tous les ridicules devaient
entrer dans ma tête, je donnai dans la
poësie, surtout dans les méchans
vers. Ce fut la *Ste Vierge* & l'*Enfant
Jesus* qui dévelopèrent mes talens
poëtiques. Madame *Duplat* avait une
Notre Dame dans sa cuisine, qui a-
vait un petit *Enfant Jésus doré*, le
poupon me donna l'idée de faire
une pièce de vers à la Mère. Je
composai une balade sur ce refrein :
*Vierge, l'enfant Jésus est un enfant
doré.*

BALADE.

    Fille Auguste des Rois, ô vierge
      incomparable !
Qui faites dans le ciel la pluie & le
      beau tems,
Faites luire à nos yeux votre sceptre
adorable,

Entendés nos foupirs, nos vœux & nos accens.

Nous périffons fans vous, & la main criminelle

De l'ennemi commun, dans la nuit éternelle,

Va plonger, fans retour, vos enfans malheureux ;

Préfentés au Seigneur votre fruit pré-cieux,

Que votre fein fécond a formé fur la terre.

De la gloire des cieux fon vifage eft paré.

Ah, qu'il eft bien joli! qu'il reffem-ble à fon Père!

Vierge, l'enfant Jéfus eft un enfan doré.

Ses cheveux font mêlés d'argent fin, d'or potable ;

Ses beaux yeux font plus clairs qu'un beau jour du Printems ;

Sa bouche eft un corail, & fon front agréable

Invite le pécheur & gronde les méchans.

Son cœur tendre & fenfible eſt un
cœur *paternel* (*).

Il eſt né de bon lien. Votre ſein
maternel.

Autrefois l'allaïta du pur nectar des
cieux,

Ciel ! qu'il apprit à vivre en imitant
fa Mère !

Dès fes plus jeunes ans *Jéſus* fut
adoré,

Ah, euple ! répétons aux pieds du
Sanctuaire,

*Vierge, l'enfant Jéſus eſt un enfant
doré.*

***

Ah defcendés des cieux, Princeſſe
fécourable !

Ecartés loin de nous les Démons mé-
naçans,

Auprès du Tout-puiſſant foïés nous
favorable,

(ᶜ) Licence poëtique,

Ecoutés les soupirs, les vœux de
    vos enfans :
Au trône de la gloire, où l'honneur
    vous appélle,
Le ciel va couronner cette vertu fi-
    delle,
Qui fit jadis pâlir les aftres radieux.
O Reine de nos cœurs! dans ces Au-
    guftes lieux,
Où le clergé Français récite son bré-
    viaire,
Où votre Augufte nom eft toujours
    honoré,
Nous dirons tour à tour & cela fans
    nous taire :
Vierge, *l'enfant Jéfus eft un enfan
    doré.*

ENVOI

A MONSEIGNEUR

CHRISTOPHE DE BEAUMONT.

VOus, qui.dites la Meffe, ô Prélat tonfuré !

Dont le nom à *Paris* dans l'Ifle eft
révéré,

Célébrés avec nous ce glorieux miftère,

Et gravons fur l'airain & le papier
timbré

Le refrein que le ciel vient de mettre en lumiere,

Vierge, l'enfant Jéfus eft un enfant doré.

Cette pièce fut très applaudie des
Capucins de *Quimpercorentin* & de la
Ban-lieue. Le *Gardien*, le *P. Vicaire*, vinrent complimenter Monfieur &
Madame *Duplat* fur la beauté de mon
génie. Hélas! difaient ces Révérends
Pères, fi le Ciel nous donnait un fujet avec un efprit *auffi terrible* que celui de Monfieur *Dupleffis*, notre or-

dre ferait illuftré. Ces Pères me priè-
rent de compofer des vers fur les ftigmates dé *St. François*, en m'avertif-
fant de ne pas citer la broche de *St.*
Dominique. Madame *Duplat*, qui aimait
les *Capucins*, m'ordonna de rimer leur
Patron. Je fis cette chanfon fur l'air
des folies d'Efpagne.

Tremblés pécheurs & faites péni-
.. tence
Du Ciel fâché défarmés le courroux,
Et par vos pleurs évités la fentence
Que l'Eternel va porter contre vous.

Le vieux *Français*, tout farci de
ftigmates
Offre pour vous des foupirs en ces
lieux,
Frappés, frappes fur vos poitrines
plates,
Crachés du fang en l'honneur du bon
Dieu.

Et

Et vous fur tout , renaiffantes pucelles ,
Ne faites plus fécouer vos jupons,
Songés toujours aux flâmes .éternel-
 les ,
Où le Seigneur réchauffe les Démons.

Un feul inftant peut vous ravir la
 grace ,
Pour fe damner il ne faut qu'un
 défir ,
Mettés , mettés votre cœur à la glace ,
Si vous fentés la flâme du plaifir.

Ces vers me firent une grande réputation dans tòute la *Baffe-Bretagne*.
Les Chanoines , qui s'entretiennent
fouvent du *Portier des Chartreux* , de
Margot la Ravaudeufe , à caufe qu'on
ne peut pas toujours........ furent
éblouis de mon efprit. Un de ces

R

Messieurs, qui faisait la Cour à l'ainée
des Demoiselles *Duplat*, vint me
complimenter, assurer la famille que
c'était un meurtre de laisser un joli
garçon comme moi végéter dans la
province : Monsieur *Duplessis* est fait
pour la Cour, il faut l'envoïer à *Ver-
sailles*, ou tout au moins à *Paris*;
l'Abbé *Trublet* est vieux, l'Académie
ne pourrait mieux le remplacer que
que par Mr. *Duplessis* : l'Académie est
comme les bons chevaux, *elle a bon
pied, bon œil.*

Duplat, flatté de la pensée riante
de voir son éléve Académicien, m'envoia à Paris avec une lettre de recommandation pour le *P. Hayer Recolet*,
qui travaillait alors à son libelle, la
Religion vengée, où il prenoit la dé-
fense de ce qu'il n'entendait pas.
Il assurait que le mistère de la *Trinité*
était uni, comme la main, que la raison trouvait très possible que *trois ne
fissent qu'un* : figurés-vous, écrivait-il,
un triangle regulier, qui a trois côtés,
& n'a qu'un côté; ce triangle est

poſſible, puiſque j'en ai l'idée; *ergo* le miſtère de la *Trinité* eſt uni comme la main.

Mon ami le *P. Hayer* me gâta la tête; il me prouva par cent vingt deux propoſitions que les hommes devaient être parfaits, comme le *Pere céleſte* eſt parfait. J'étais à l'age du *fanatiſme*; je fus touché de ces cent vingt deux propoſitions; tous les extrêmes & toutes les perfeſtions vinrent ſe préſenter en foule à mon imagination, les vuides de mon âme ſe meublèrent ſubitement des idées les meilleures poſſibles de la perfeſtion : c'en eſt fait, m'écriai-je! je vais être parfait, comme le Père *céleſte* eſt parfait; ne nous amuſons pas à imiter les gens raiſonnables, ce ſont des machines à réflexions, à ſentimens, le meilleur des hommes ne vaut rien, le plus ſage eſt celui, qui n'eſt point méchant, ſi l'on ne trouve dans cet univers rien de parfaitement rond, rien de parfaitement quarré, cherchons au ciel la perfeſtion de la perfeſtion.

Je fuis étranger fur la terre, mon Roïaume n'eſt point de ce monde, la béatitude eſt deſtinée aux *pauvres d'eſprit*, tachons d'être bienheureux. Les *Capucins* font de bonnes gens, il ne faut guères plus d'eſprit pour être *Capucin*, que pour porter des paquets à la meſſagerie : l'Enfer eſt l'héritage de la beauté, des riches du ſiècle, des gens d'eſprit & de la bonne compagnie ; fuïons la bonne compagnie, & pour être parfait, comme le *Père céleſte* eſt parfait, je quittai la bonne compagnie & je me fis *Capucin indigne*.

Je courrus chès les enfans de *St. François*. Un gros frère racoleur me reçût poliment & me dit : *Dupleſſis*, vos repas font fondés à perpétuité fur les fonds inépuiſables de l'imbécillité humaine ; moïenant que vous marchiés nuds pieds, vous ferés chaudement habillé, vous attirerés même la compaſſion de ceux, qui n'auront point d'habit : venés que je vous préſente à notre *P. Gardien*, c'eſt un grand homme, il fait venir la vocation , comme le vinaigre fait venir l'eau à la bouche.

Le frère *Junipère* m'annonça à son supérieur. Ce Père jugea bientôt que j'étais capable d'amener l'abondance au couvent, il me prêcha les agrémens de l'ordre séraphique : notre faint inftitut, me dit-il, eft inconteftablement le premier de l'églife ; Notre Dame de la *veritable Portioncule* l'a toujours confacré fous la main puiffante ; les forces de l'enfer ne prévaudront jamais fur lui ; la vierge affura *St. François* qu'aucun *Capucin* ne fera damné : voici les bonnes raifons de la St. Vierge.

De l'Aurore au Couchant, du Midi au Septentrion , la barbe eft ce qui diftingue un *Capucin* d'un *Récolet.* Faites attention à cette différence , mon cher enfant, le feu de l'Enfer , dont le nôtre n'eft qu'un ombre, eft fi vif, fi dévorant, qu'il brûle à deux miile pas les corps les plus durs ; ainfi, Mr. *Dupleffis* , dès qu'un *Capucin* defcend aux Enfers, l'activité de l'air du feu lui confume fubitement la barbe & dans l'inftant le *Capucin* n'eft plus qu'un *Récolet.* Vous voiés parfaitement bien, Mr. *Dupleffis*, l'avantage qu'il y a d'être *Capucin* & que la *St. Vierge* avait très raifon, quand elle affurait au prédicateur des Lapins, qu'un *Capucin* ne pouvait être damné. .

Huit jours après mon entrée aux *Capucins*, on me donna l'habit & les noms de Frére-*Mifac*, *Sidrac*, *Abdenago* de la perfection de *Quimpercorentin.* Qu'il ferait plaifant de peindre ici la Ste. attitude & l'élegance de ma figure, revêtue du fale habit de *François d'Affife!* imaginés-vous un crâne tondu, qui fe perd dans l'immenfité d'un valte & profond capuchon; deux bras enchaffés dans deux efpèces de bottes molles; un corps fanglé comme celui d'un âne, ou d'un patient que l'on conduit à la potence; enfin, figurés vous, avec Mr. *Menage*, un vieux jetton, dont on a rogné les lettres & où l'on ne voit plus qu'une tête avec la barbe.

Mes veſtiges ne durèrent pas long-tems, ma vocation était un feu de paille ; il s'éteignit. Les ſingeries de *St. François* me déplûrent bientôt ; je vis que je n'étais point parfait, comme le *Père céleſte*, pour porter le dé-goutant habit d'un *Capucin*. Comme il me manquait cette plénitude de bêtiſe, ſi néceſſaire aux *Capucins*, je fis des 'réflexions. Je vis chès ces moines beaucoup de grimaces, beau-coup d'orgueil dans un ſac lié de cor-des, beaucoup de minuties dans une régle, où le ſiſtême très mal amal-gamé avec la religion ne pouvait donner pour toute perfection que des Imbéciles, ou des Innocens. J'allai redemander mes habits ſécu-liers.

Le *P. Maître* ne manqua point, ſe-lon la formule ordinaire des *Capucins*, d'attribuer au Diable l'uſage de mon peu de raiſon ; quelles penſées dam-nables, avés-vous, me dit il, de quitter un habit (*) que le *bien heureux Didace* a porté ? prétendés-vous raisonner avec la grace ? savés-vous que la raison est un instrument infernal, qui détruit les plus saintes réflexions.

Je raisonnais encore dans ce tems-là par hasard, il me restait encore des éclairs de sens commun ; je protestai au *P. Maître*, que la raison était l'ouvrage de Dieu, que le *Diable* & les *Capucins* ne disposaient point de ce don céleste. Le *P. Maître* assura toujours que c'était le Diable, & à cause du Diable, je fus contraint de porter encore huit jours l'habit de *Capucin.*

Dépouillé enfin des guenillons sacrés

---

(1) Malgré la sainteté & les beautés, que les *Capucins* trouvent dans leur habit, je ne crois point qu'il soit si agréable au Seigneur : la preuve que Dieu n'aime pas ce vêtemént ridicule, c'est que les *Capucins* sont obligés de quitter leur saint habit avant d'entrer au ciel. Imitons le bon goût de Dieu le Père, ne souffrons plus ces mascarades.

crés de *St. François*, l'efprit toujours
gros des vertiges de la perfection ;
contriſté de ne pas trouver celle du
Père céleſte dans le cloître, je m'i-
maginai de la chercher dans l'état
du mariage. Le mariage, difais-je
en moi-même, eſt un Sacrément
plus amuſant que celui de l'extrême onction ; cet état eſt le premier de l'homme, c'eſt avec de la
chair de ma chair & des os de mes
os que je vais m'unir ; rien de plus
parfait que la chair & les os bien
unis. Je cherchai pendant trois
mois après ma chair & mes os ; à
chaque fille que je rencontrais, je
m'imaginais toujours trouver mon
bien ; je grillais de joindre les pièces . enfemble. Je fis tant de reflexions pour faire un mariage par-
fàit, que je trouvai le moïen du
contraire. Je rencontrais de la chair,
qui n'était pas la mienne & des os
qui ne s'emboitaient pas avec les
miens.

En cherchant une femme je tombai

malade · une Sœur *du Pot* (*) nommée *Sœur Pacifique Percée*, prit soin de moi. Le premier moment de ma convalescence fut consacré ·à lui parler de l'impreffion, que fes charmes avaient fait fur mes fens.

La Sœur *Percée* était une fille confite dans la ·dévotion ; fon cœur ouvert aux *cinq plaies* de notre Seigneur, le rendait plus propre aux faibleffes de l'amour. Ma Bergère était maigre, comme un *St. Jerôme*, blanche comme *Notre Dame de Lorette*; fon nez, un peu plus long que celui de *St. Charles Borromée*, ne la déparait pas, par ce que le proverbe dit qu'un long nez ne dépare pas le vifage : le proverbe a de l'efprit. Malgré tant de charmes extérieurs, ma Bergère *Pacifique* pouvait encore prier Dieu pour fon embéliffement.

_____

(1) Religieufes, ou efpèces de Cotillons crottés qui portent à *Paris* du bouillon aux malades. Ces fœurs fe melent de traîter les infirmes & leur ignorance fait un tort confiderable à l'état.

A ces agrémens la Sœur *Percée* joi-
gnait des appas vraîment folides. Elle avait le bel efprit de *St. François
d'Affife*; poffédait, comme fes cinq
doigts, l'hiftoire ancienne & moder
ne des Revénans; celle de la belle
Géneviève, Comteffe de *Brabant* & le
très long cantique de *St. Alexis*; elle
mariait à fes riches connaiffances, une
très belle voix; elle chantait comme
les âmes du *Purgatoire*. Un jour je
m'émancipai auprès de la Sœur *Pacifique*, je gliffai la main fous fa petite
guimpe : Sœur *Percée* criait : *Finiffés
donc Mifac Sidrac - Abdenago Dupleffis!*
vous êtes un mauvais convalefcent!
eft ce que l'on chiffone les Sœurs *Du
Pot ?* environné de ces *Finiffés donc*,
j'allai mon train; je cherchai longtems fous la guïmpe, je ne trouvai
rien de ce que les filles difent : *il y
en a affés pour remplir la main d'un honnête homme*
A près quelques légéres faveurs, que
ma maîtreffe redoublait felon l'ufage
des filles à l'approche du Sacrément,

je l'époufai. Le jour de la nôce, *Pacifique* me parût enchantée. Elle avait deux grands pieds gênés dans des fouliers trop étroits, qui la fatiguaient avec grace ; un corps de juppe, trop ferré, l'embaraffait avec agrément ; un cotillon, qui voltigeait tantôt par ci, tantôt par là, par fon inconftance laiffait voir le vuide des vanités paffagères de ce monde : *vanitas vanitatum & omnia vanitas*. Il n'y avait rien chès ma femme, qui ne fournit une reflexion morale ; fes ajuftemens étaient prèfqu'un fermon, mieux rangé que *les Difcours du P. Hayer & le journal chrétien.*

Notre mariage fut ftérile, le Ciel ne voulait point que fon ferviteur fit des enfans de chair ; il le deftinait à peupler le Ciel d'Etres plus dignes de fes regards ; c'était des enfans de la grace, que je devais engendrer & les engendrer furtout dans la grace de la *Société*.

Depuis mon mariage j'avais pris *St. Jofeph* pour mon pâtron ; le jour de fa fête, ma femme s'avifa de m'offrir un bouquet ; elle s'adreffa à un mauvais *Poëte chinois*, qui rimait comme il pouvait & *St. Joseph*, le plus beau fujet du monde, devint impertinent fous la plume de ce méchant Auteur. Voici la pièce,

BOUQUET

à mon *Epoux Monsieur*

DUPLESSIS.

N'imités point votre Patron,
Les Saints en tout ne font point imitables ;
Joseph *à coté de* Manon ,
Paffait des nuits bien lamentables ;
Il n'ofait profiter des Droits ,
Que lui donnait le Mariage.
Vous par mille amoureux exploits
Montrés que vous étes plus fage.

Dans ce malin couplet, mon époufe fe recommandait honnêtement ; les
femmes ont de l'adreffe à demander
les chofes. La mienne n'avait pas
tout-à-fait tort de fe plaindre, elle
paffait beaucoup de nuits féches. Le
P. Hayer m'avait prêché plufieurs fois
que l'homme n'était point dans ce
monde pour faire des enfans ; que.fi
tous les hommes pouvaient être *Ré-
colets* & les femmes Sœurs *Du pot*,
cela ferait le meilleur monde poffible,
à caufe que le légiflateur des *Chrétiens*
avait dit qu'il fallait, pour être parfait, renoncer aux femmes, à l'odo-
rat, à l'ouïe, à tous les fens ; que
fon Père nous avait donné des femmes, des fens & de la raifon pour ne
pas nous en fervir, qu'il fallait être
comme des moutons & des rhino-
céros.

Je fis la connaiffance de *Paillaffe*
de la foire *St. Germain*. Son jeu muet,
fon mafque heureux & fes geftes me
ravirent. Le germe de mes talens
théâtrals fe developpa fous ce grand
homme. *Paillaffe* me prodiga fon ami-

tié ; c'eſt à ſes ſoins que je dois la réputation que je me ſuis acquiſe en *France.*

Nous nous engageâmes avec Madame *Dupleſſis* dans la troupe d'un charlatan. Nous débutâmes à *Nantes* par une tragédie intitulée : *l'Aſcenſion du P. Ignace.* Cette pièce attira une foule innombrable de peuples. L'opérateur avait fait conſtruire au fond du théâtre la gloire de l'éternité, au bas les Sept Cieux, ſavoir l'empiré, le premier, le ſecond, le criſtalin &c. ces Cieux étaient ſéparés par autant de dégrés couverts de nuages, au travers deſquels on voiait en lettres d'or le nom de chaque Ciel ; au celà de tous les cieux, Dieu le Père, la *Ste. Vierge* paraiſſaient dans leur gloire.

L'Opérateur repréſentait le Père éternel. Il avait une longue barbe blanche, une calotte rouge à oreilles, un véritable bon homme. Les Spectateurs convenaient unanimément qu'il avait parfaitement attrappé Dieu le Père. Ma femme était à ſon côté, elle figurait *Notre-Dame de Mont-fer-*

rat; elle tenait dans ſes bras le petit enfant *Jeſus*. Cet enfant fut le ſujet de cent mauvaiſes plaiſanteries ; *dans leur fureur de medire, les mortels ne reſ- pectent point les Dieux*. Nous n'avions pas eu le tems de bâtir un enfant *Jeſus* un peu honnête , notre barbier nous avait prêté une tête à-perruque, dont nous avions fait un poupon ; on n'avait pas fait attention que la tête à perruque avait une barbe de bois. A la chandèlle on decouvrit juſqu'au moindre poil , cela fît rire les *Nantois* & ſurtout les gens lettrés du faubourg *St. Nicolas*. Ces ignorans avaient ou- blié , ſans doute , que cet enfant était le Père des ſiècles.

Le Peintre n'ayant pû fournir des Chérubins pour les ſemer çà & là dans les champs azurés du Ciel ; pour y ſuppléer , nous plaçâmes derrière les nuages dix à douze poliſſons, dont on ne voyait que les têtes ; je les a- vais dreſſés de mon mieux au ſervi- ce ; malgré mes inſtructions les drôles grimacèrent tout le tems de la repré- ſentation ; ce qui donna une mauvaiſe idée

idée du Ciel, où les Anges n'ont pas jetté beau cotton.

Je fis le rôle de *P. Ignace* ; comme j'avais des connaiſſances du jeu muet des entrailles & l'expreſſion de la pantomime, j'arrivai en clochant ſur le théâtre ; je tournai mes regards vers les Cieux : frappé de les voir ouverts, je me proſternai aux pieds de *Leurs Excellences* ! Dieu le père & Notre Dame ; & je m'écriai : » ô

« l'ancien des jours ! ô père éternel !

« beauté toujours vieille & toujours

« nouvelle, je vous ai aimée trop

« tard ! c'eſt votre puiſſance, con-

« ſtamment grande dans le Ciel & ſur

   la terre, qui deſtina de toute éter-

« nité à *Pampelune* un boulet de ca-

« non pour me caſſer la jambe ; c'eſt

« à cet heureux tube, que vous de-

« vés Vierge immaculée, les mouſ-

« taches & le cœur du chevalier *Ini-*

« *go* . . . . . . rappellés-vous, ô ma

« Divine maîtreſſe ! la veille délicieu-

» ſe de mes armes, le zèle héroïque

» que je fis paraître à *Montferrat*,

« lorſque je vous conſacrai mon *poil*

» *espagnol* & ma longue rappiére ,
« parlés tous deux ; dites moi ce
« qu'il faut faire pour augmenter vo-
« tre gloire vous favés ma devife :
» *Ad MaJorem Dei gloriam & maximam*
« *utilitatem focietatis noftræ.*

Dieu le père , après un moment de
reflexion , regarda la vierge , lui demanda fi j'avais la tête bien faine.
Votre Chevalier , Madame , a l'air
un peu extravagant , ce crâne n'eft
pas le meilleur poffible ; Monfeigneur , répondit Notre-Dame , je fais
que le *P. Ignace* montre , chaque fois
qu'il fait le *figne de la Croix* , où il a
mal ; mais vous favés que mon fils a
promis fon Royaume *aux pauvres d'ef-*
prit , aux bancales & aux eftropiés ;
Inigo eft boiteux & fou , vous voyés
que de corps & d'efprit il eft digne
du Ciel.

Le père éternél applaudit aux re-
montrances de *Marie* par un grand figne de tête ; & jettant un regard paternel fur moi , il me dit · *Ignace* ,
montés. Je montai le premier au Ciel ,
où je m'arrêtai par humilité , en de-

mandant à Dieu le père s'il était fatisfait de mon obéiſſance. *Son Excellence* eut la bonté de crier: *plus
haut, Ignace!* Je montai le ſecond
Ciel avec la même cérémonie; &
Dieu le père criait toujours: *plus
haut, Ignace!* je grimpai ainſi les ſept
cieux; quand je fus au dernier Ciel,
Son Excellence Dieu le père me donna un grand coup de pied dans le
ventre & me fit tomber, comme on
dit *les quatre fers en l'air* : la toile
tomba.

Cette piéce & le dénoument ſurtout fut très gouté, & nous fit vendre beaucoup d'orviètan; nous eû-
mes les bonnes pratiques des *janſé-
niſtes* de *Nantes.* Les *jéſuites* n'ap-
plaudirent point à nos ſuccés. Auſſi
méchans que *Fréron*, ils animérent les
Magiſtrats contre nous : nous fûmes
obligés de partir précipitamment, nous
vînmes à *Rennes* où dégouté des tracaſſeries du *Cothurne,* nous donnâmes
une parade intitulée: le Couronne-
ment de *Nicolas* I. Roi du *Paragai* &
de *l'Aragai.*

Le théâtre repréſentait le camp des bénits Pères; à droite & à gauche on voyait des canons braqués contre les *Eſpagnols* & les *Portugais*; dans le fond la tente du Général, ſoutenue par des trophées d'armes & des boucliers, où pendaient les effigies de *Jacques Clément*, *Ravaillac*, *Damiens* & *Malagrida*.

Je repréſentais *Sa Majeſté Paraguaiſe Nicolas I.* j'avais une couronne ſur la tête & une pièce de *bougran* roulée ſous le bras. Je parus ſur la ſcène, monté ſur un tonneau de verd de gris, porté par quatre *Paragouins*. Un chœur de ces peuples chantait cette vieille chanſon, connue dans le beau monde.

Le Roi Nicolas
Avait du bougran *ſous le bras,*
De ſon trône il trebucha;
Voilà le bougran *bas!*
Voilà le bougran *bas!*
Un chœur de filles répétait, *voilà le* bougran *bas! voilà le* bougran *bas!*

Les quatre *Paragouins* terminèrent la pantomime en me jettant en l'air. En retombant je me caffai le nez.

Ce genre de pièce ne me plût pas. J'étais comme *Arléquin*, je portais toujours les coups. Nous allâmes au Sacre d'*Angers*. Cette ville a toujours aimé les divertiffemens des miftères. Nous jouames la tragédie *de la Paffion*. Quoique le fujet de cette piéce foit tirée d'une vieille hiftoire, il plait encore à *Angers*.

Madame *Dupleffis* fit le perfonnage de *Jefus* : elle enleva d'abord les fuffrages. Malheureufement ma femme ne favait pas fon rôle ; elle refta court à ces paroles du fils de *Marie* : *j'ai foif*. Madame *Jefus*, dites donc, *j'ai foif*. *Pacifique* diftraite ne l'entendit point ; mais fe rappellant mieux le fens que les paroles, dit : *je boirai bien un coup*. Cette bévue fit rire les fpectateurs attendris du récit *de la Paffion*.

Ma femme aidait l'opérateur dans le panfement des malades qui ofaient s'expofer à fon empirifme. Je m'apperçûs de certaines intelligences, elles pouvaient dévenir dangéreufes pour mon front ; je rompis avec le charlatan. Je retournai à Paris, où mon ami *Palliaffe*, informé de mes fuccés, me confeilla d'aller à la *Martinique*. Il y a beaucoup de *Nègres* dans cette Ifle, me dit-il ; les *Jéfuites*, les *Jacobins* & d'autres bons ecclefiaftiques les maltraîtent cruëllement pour avoir du fucre. Allés leur vendre du baûme pour les meurtriffures, ces pauvres gens en ont befoin, vous ferés de l'or avec les meurtriffures des *Nègres* & les bras des *Jacobins*. Je connaiffais les lumières de mon ami, je trouvai le confeil admirable.

Je m'embarquai avec mon époufe pour la *Martinique*. Nous étions en mer depuís trois femaines, lorfqu'il s'éleva une tempêté cruëlle. Les matelots, qui juraient dépuis trois heures pour fe délaffer, commençaient déjà à prier le Ciel. Le Capitaine, après s'être voué mille fois à tous les Diables, de défefpoir fe vouaient à tous les Saints. Il vint nous dire de penfer au Ciel, que nous allions périr. C'eft l'ufage des *fidèles Chrétiens* de penfer à Dieu, quand ils font en danger & de l'oublier quand ils n'en ont plus befoin.

J'étais près de Madame *Dupleffis* quand on nous annonça cette défaftreufe nouvelle. Je lui dis : ma chére *Pacifique*, il faut nous féparer & donner au moins les derniers momens de la vie à la *Ste. Vierge*, & à *Ste. Barbe*, pâtronne de la confeffion (*), J'embraffai ma femme, je la laiffai à la miféricorde du *St. Prépuce*.

---

(1) Sainte imaginaire ; on la fait patronne de la confeffion, à caufe que le Sacrement de pénitence a été créé neuf cent ans après fa mort ; on la repréfente comme la Déeffe *Cybèle* avec une tour , à caufe que les premiers confeffionnaux étaient bâtis comme des tours, ou des guérittes. Les ignorans font mal d'expofer *Ste. Barbe* à la vénération des peuples ; les ignorans aiment les menfonges ,parce qu'ils vivent de nos menfonges & de notre ftupidité.

Le vaiſſeau donna contre un banc de ſable, il s'ouvrit; une planche heureuſement me ſauva la vie. Me voyant ſeul ſur les flots agités, je crus ma femme & l'équipage enſévelis dans les eaux. Après avoir été deux jours le jouèt de l'onde, je fus recueilli par un navire, qui cinglait vers *la Rochelle*, où je debarquai.

La mort de *Pacifique*, l'horreur du naufrage tournèrent mes idées vers le Ciel. Je revins à *Paris*, j'allai voir le *P. Hayer*, il me parla encore de ſon ſiſtême de la perfection : conſole-toi, mon ami, me dit-il, la perte de ta femme eſt un ſecrêt jugement de Dieu; occupe-toi, ſans ceſſe, de la perfection; laiſſe les enfans de *Babylonne* & de *Paris*; va fortifier ton cœur d'un triple mûr d'airain; deviens dur à toi-même, pour être tendre au Ciel; mépriſe, injurie, calomnie les hommes, pour te détacher plutôt des hommes; c'eſt par le mépris de tes ſemblables, des philoſophes & de ce monde, qu'on marche à pas de géant dans le chemin de la perfection. Le monde n'eſt qu'un paſſage ; je fais qu'un. ſage te dirait qu'on peut cueillir quelques roſes ſur ce paſſage ; puiſque la nature a mis des fleurs ſur notre paſſage , n'écoute point les ſages , ne ſonge pas aux fleurs : pour être parfait , il faut fouler les fleurs aux pieds , ſortir de ce monde ſans avoir rendu aucun ſervice à l'humanité.

Pour ne plus équivoquer ſur l'état qui devait me rendre parfait comme le Père céleſte , je fis pendant trois mois des réflexions ſur toutes les conditions de la vie. L'humble ſervice d'un Domeſtique parût convenable à mon ſiſtême : c'en eſt fait , m'écriai-je , je tiens la perfection de la perfection. Le *Chrétien* n'eſt pas venu en ce monde pour commander , mais pour ſervir & pour obéir ; c'eſt dans l'anéantiſſement qu'il poſe le premier fondement de ſa gloire ; l'humilité , qui couronne les autres vertus , ſera déſormais la mienne , allons porter la livrée.

J'allai me préfenter chés un vieux magiftrat, qui depuis vingt ans dans un cul de fac du *Marais*, n'avait pour compagnie que fon avarice & fes écus. Son dur fervice convenait particulièrement a mon projet de perfection ; & le Ciel, fans doute, allait agrèer mon fervice, fi en me vêtant de la vieille livrée du fénateur, je n'avais conçu des fentimens d'orgueil, qui m'écartèrent encore de la perfection, où je voulais atteindre.

La livrée du Magiftrat avait précédemment endimanché Soixante & treize Domeftiques (*). Cette cafaque, dont l'hiftoire génèalogique fe trouve dans la bibliothèque du Roi, était alors un habit verd; qui avait été autrefois autre chofe. » El- » le fortait en droite ligne d'une » couverture de mulêt, qui était fil- „ le d'un tour de lit. Les culottes, „ engendrées de trois chaifes-percées „ de drap verd. La vefte était fille

---

(1) Le magiftrat avait plus fouvent changé de domeftiques que de chemifes.

„ d'une courte-pointe iſſue d'un ta-
„ pis de billard". Cette veſte, qui
touchait aux derniers momèns de ſon
exiſtence, qui allait être convertie en
ſemèles de bas, prouvait bien que
tout eſt pouſſière & que tout retour-
ne en pouſſière ; *pulvis es & in pulve-*
rem reverteris.

Au moment que j'endoſſai cette ca-
duque livrée, l'amour-propre s'éveil-
la dans mon àme ; ce ſéducteur dangereux effaça tout à coup les ſentimens que l'humilité ÿ avait fait naître. La dureté du vieux Robin, le
fardeau du travail, la néceſſité d'être
à la fois l'Intendant, le Secrétaire, le
Valet de Chambre, le Maître d'Hô-
tel, le Cuiſinier, le Marmiton, le
Portier & le Maître Jacques de la
maiſon, achevèrent de me dégouter
du ſervice. Le pain qu'on peſait, le
calendrier du vieux ſénateur rempli de
Jeûnes & de quatre temps me firent
quitter cet état.

Ce fut dans cet inſtant que la perfection vint elle-même me trouver ;
elle ſe ſervit de l'organe de mon ami

Paillasse ; cet homme intelligent me
dit : vos talens théâtrales, *Duplessis*,
doivent tourner vos. idées vers une
savante troupe de comédiens, qui ont
toujours excellé dans l'art de *Thalie* ;
c'est assurément chés les *Jésuites* ; où
vous trouverés la perfection de la
perfection ; votre génie, vraîment
comique, est capable d'illustrer le
chandelier de la société. *Candelabrum*
societatis Jesus.

Je me présentai aux *Jésuites* de *Pa-*
ris. Ces Pères éclairés virent que j'a-
vais des talens propres à gagner la canaille. La lecture de la Vie du Chevalier de la *Vierge*, les mensonges de
Rodrigués portèrent dans mon âme
l'ardeur de me singularifer. Les
grands talens, disais-je en moi même,
illustrent les hommes ; la nature me
les a refusés, il faut que je me rende
fameux comme *Caraccioli* (*) en dé-
bitant comiquement les petites cho-

_____

(1) Auteur très médiocre, qui a la fureur de nous apprendre ce que nous savons.

fes, qu'il écrit fi mal. Je n'ai d'autre génie que celui des chaudronniers, ils font du bruit dans le monde, faifons du bruit.

Je fis mon cours d'études au Noviciat. Mes premiers fuccès fur les bancs fûrent diftingués. Invulnérable comme un *Irlandois*, j'étais au milieu des *Darii* & des *Bomalipton* fans être épouvanté. Je foulais d'un pied victorieux les *Locke*, les *Bayle*, les *Montaigne*, les *Collins*, les *Montefquieu* & les *Jean-Jacques*; à trente cinq ans, je connaiffais toutes les fineffes du *Barbara celarent*, les gentilleffes du *Baroco* & les agrémens univerfels du *Feftino* & du *Frififfo morum*. Enfin couvert de la fueur des *Capucins*, des pavots affoupiffants du ménage & des lambeaux de la livrée, je montai fur les bancs théologiques; c'eft là qu'on vit des prodiges d'érudition; ce fût là que je foutins quatre vingt onze thèfes fur le fabre de *Judith*, le couteau de *Jephté*, les cifeaux de *Dalila*, le poignard de *Joada*; le clou de *Sifara*, la hache de

Samuël, le fabre d'*Abraham*, l'épée des enfans de *Jacob*, la lettre de cachet de *David* pour *Ury*, le ſtilet de *Ravaillac*, le Canif de *Damiens*, la *Ste. Ecriture* de *Buſembaum* & le *P. la Croix*.

La mauvaiſe Campagnie de *Jéſus* m'honora de ſes ſuffrages. Le jour de mon triomphe, les *Druides* de la ſociété s'aſſemblerent; un vieux *Rabbin* du quatrième vœu, me dit à haute voix : approchés *Miſac Sidrac-Abdenago-Dupleſſis*, venés recevoir la couronne de la perfection; voici la croix & le canon de la Meſſe de la chapelle de Mr. *de Beaumont*; défendés-vous de ces deux armes, comme dit le fameux *Gui-Patin*, contre les perſonnes qui voudroient raiſonner; l'encens de la ſociété fume autour de vous, la perfection deſcend du Ciel; & dès ce moment dévenés parfait; comme le Père celeſte eſt parfait, *per omnia ſæcula ſæculorum*, *Amen*.

Tout brûlant des feux de la perfection, je grimpai ſur le cheval du *fanatiſme*; le mors dans les dents &

le miroir de l'amour-propre à la main,
j'allai dans les campagnes faire le caté-
chifme. Je commençai par m'emparer
de l'efprit des enfans & des fots, en
les intimidant avec le Diable. Je
m'étais apperçu que cette vieille machine était la plus propre pour réuſſir
dans la direction, & gagner à Dieu les
gens, qui ont peur du Diable. Je
peignis cet animal avec une chauſſure
à faire trembler, une coëffure comme on n'en voudrait point avoir,
& le tout verni du plus beau noir du
monde. Les Diables dans les Sermons font continuëllement des miracles, touchent plus les cœurs des
pénitens & opèrent plus de bien que
le Ciel même. J'imprimais fortement
le portrait du Diable fur l'imagination
tendre des enfans ; il prenait comme
un cachet fur la cire molle, quelquefois je les menaçais de leur montrer
le Diable à nud : le voilà, m'écriais-
je, il vient vous prendre ; les enfans
fuïaient dans les coins les plus reti-
rés de l'Eglife, en criant : *P. Dupleſſis*
ne nous montrés pas le Diable ! ce

fut par ces innocens que je commençai ma carrière apostolique.

En prêchant dans les Villages, je
prenais le ton convenable pour captiver les païsans. Je ne m'avisais point
d'annoncer la bienfaisance de Dieu,
de peindre son essence par ces senti-
mens tendres, qui portent seuls les
hommes à l'aimer ; je pris le contre-
poid, je criai en chaire : ah malheureux, tremblés! tremblés! vos grains
sont encore sur la terre, vos vignes
vous annoncent une bonne vendange, vos troupeaux ont multipliés,
vos granges sont pleines ; c'en est
fait, tout va périr! vos crimes ont
provoqué la justice divine, je vois
l'orage accourir, j'entens gronder le
tonnère, la grêle tombe sur vos vignes, les vents furieux renversent
vos moissons, la foudre met le feu
dans vos granges, consume vos fruits
& vos bestiaux, tout est perdu! tout
est perdu!

Les païsans, qui craignent plus
pour leur moisson, leur vendange,
leurs vâches, que pous eux-mêmes,
di-

difaient entr'eux : ce prètre a terri-
blement de *la loquence*! Dame, fi le
tonnère tombiont chex nous, je ferions ruinés à plate couture! c'eft
bien une chofe tracaffière que ce tonnère, ça vous..... ce Père en fa-
viont long! un *Jéfuite* étudiont beaucoup dans les livres, il favont le tems
comme un armana. ... prenons garde à nous, je n'irons plus au cabarèt.
Le paifan eft dévot avant la recolte.
Tant que les bleds font fur la terre,
il fait des vœux; la moiffon eft-elle
faite, il ne penfe plus à rien, il remet fes inquiétudes à l'année pro-
chaine. Le paifan a de la raifon.

Je prêchai *à Paris*; les femmes des
Halles, les crieufes de vieux chapeaux, les gens du port au bled & les
favoyards étaient ravis de mes fermons. Notre Père Provincial, voyant
que cette ville était un théâtre trop
gliffant pour moi, me renvoia en
Province : les converfions que j'y fai-
fais étaient fingulières ; la plûpart de
mes convertis retournaient quelques

jours après à leur vomiſſement. Jamais je n'eus l'intelligence de diſtin-
guer une chaleur de dévotion, d'une
converſion ſincère ; que le public s'en
prenne aux Dieux !

Pourquoi m'avaient-ils fait ſi bête ?

Pour donner du crédit à mes miſſions, un certain honneur à la ſociété, il fallait faire exécuter un miracle à la plus grande gloire de notre
ordre. Notre Général conſulta la
carte pour connaître le Païs le plus
propre à cette opération. Il trouvait
aſſës d'aiſance à l'exécuter au *Marais*,
ou dans le faubourg *St. Marceau* ; mais
il craignait les recherches des ſavans
de *Paris*. On détermina, quelque
tems la ville de *Beaume* ; après beaucoup de conférences ſur ce ſujet, on
ne trouva pas de ſol plus propre à le
faire éclore que le *païs d'Artois*. On
choiſit *Arras* pour le lieu de la Scène ; les Arteſiens ſont bons croyans
& fort arrêtés ; l'entêtement eſt

l'appanage brillant de ces Peuples;
quand ils croient une chofe arrivée,
ils ne finiffent pas de la croire.

Le Préfèt de la Congregation d'*Arras* me fit le tableau des habitans de
cette ville ; tous les bourgeois, me
dit-il, nous font voués ; donnés gé-
néreufement l'abfolution à tous les
ivrognés, auraient-ils cinquante années de cabaret ; ne vous arrêtés pas
à cette mifère, ils dîront du bien de
vous, & le jour même que vous leur
proftituerés le bénéfice de la pénitence, ils iront fe foûler en l'honneur de votre abfolution. Un Prêtre, qui la refufe pour de bonnes
raifons, paffe pour un *Janféniste*;
n'allés pas auffi donner un ridicule à
la Société, en trouvant mauvais qu'un
Chanoine couche avec fa Gouvernante ; nous avons befoin de ménager
le Chapître.

Il y a longtems, dis-je, au P.
Préfet, que je connais l'indécence
de profaner la glace ; cela ne me
coute rien, je donne l'abfolution à
tout hazard : il fuffit, pour la réputa-

tion de la Compagnie, que je faſſe impreſſion dans mes miſſions. Le peuple croit avoir fait des merveilles quand il a ſurpris une abſolution. Dans une demi-heure je convertis un homme empâté dans les mauvaiſes habitudes ; & ſans toucher au fond vicieux de ſon cœur, je tranquiliſe ſon eſprit. L'embarras entre nous eſt de faire un miracle, il faudroit pour le bien de la choſe, l'exécuter le jour de la plantation du Calvaire.

Répoſés vous ſur mes ſoins, répondit le Préfèt; nous avons une certaine fille, nommée *Eliſabèth le Grand*, je la prépare à ce deſſein ; elle ſe prêtera au miracle. Elle a une jambe un peu nouée & l'eſprit bien davantage. L'an dernier dans la canicule ſa jambe s'eſt un peu allongée. Les Médecins nous racontent de pareils prodiges, arrivés naturellement ; je diſpoſerai la malade dès le commencement des chaleurs, & je crois que le phénomene arrivera en ſaiſon.

Je trouvai les moïens miraculeux

du P. Préfet immancables. Il prépara, avec notre Frère Apoticaire , la Jambe miraculeuſe, la ranima par des Aromates & d'autres ſimples excellentes. Le jour de l'exécution on amena *Eliſabeth* au pied du *Calvaire*. Son imagination , frappée de l'eſpoir d'une prompte guériſon, l'anima ; elle ſe leva tout à coup, crie *au Miracle*. *Arras*, rempli de gens organiſés pour être temoins d'un miracle, retentit auſſitôt de celui-ci ; les Prêtres les Moines, les Ciriers, les Orfèvres, les Taille-douciers, les Marchands de Chapelets crièrent tous *au Miracle*.

L'odeur de ma réputation embauma les Pais-bas ; on fit des images du *Calvaire* , on vendit mes portraits. Je fus flatté de me voir collé ſur une eſtampe par tout où j'allais en miſſion ; j'étais ſuivi d'une foire de chapelets , de croix & de mes mignatures. Les vrais Dévots & les perſonnes humbles étaient ſcandaliſées qu'un homme, qui ſe donnait la réputation d'un Saint & du don des miracles,

laiffât vendre fes portraits dans fes
miffions ; ils ne pouvaient accorder
cet orgueil avec l'humilité Chrétien
ne. Ils ne connaiffaient pas, fans
doute, l'humilité de la Société ?

Je parcourus les Provinces, j'écou-
tai des milliers de confeffions, je
ne convertiffais perfonne. Les filles
m'ont embaraffé par tout. L'ufage,
qu'elles ont de céler leurs faibleffes,
la crainte, la pudeur qui les trou-
blent, donnent de la peine à un Directeur pour arracher leur fecrèt.
Une fille, qui s'accufe que fon amant
lui occafionne de mauvaifes penfées,
annonce toujours par ce début modef-
te quelques faibleffes pommées, qu'elle couve dans fon cœur, comme l'oi-
gnon fous la cendre.

Cette fille en refterait-là, fi le
Confeffeur n'allait fouiller lui-même
dans le fond de fon âme. Voici ma
pratique avec ces fortes de péniten-
tes : vous êtes-vous toujours tenue
vis-à-vis de votre amant dans la modeftie, fi recommandée à votre fexe ?

oui, mon Révérend Pere · cela est
bien ; mais votre amant n'a t'il pas
pris quelquefois la liberté de vous
embraſſer ? oui : un embraſſement
honnête le jour de l'an, le jour d'u-
ne fête n'eſt pas un crîme : hélas ! il
m'embraſſait à chaque inſtant : je lui
rendois ſes baiſers avec la même vivacité. Comme les hommes ſont entrepre-
nans, tracaſſent volontiers les filles,
votre amant, trop téméraire, n'a t'il
pas voulu paſſer la main ſous votre
reſpectueuſe ? ces gens-là n'ont guères de reſpect pour les reſpectueuſes ;
comme elle biaiſait à répondre, je la
ranimais en lui diſant : courage, ma
chère Sœur, ne balancés point de
vous déclarer au Seigneur, je ne ſuis
ici que ſon Miniſtre, un homme, un
pécheur capable des faibleſſes dont
vous vous accuſés. Elle reprenait
courage, m'avouait que ſon amant
avait touché cent fois ſa gorge, la
baiſait à chaque inſtant & que ſes baiſers portaient un feu ſubtil dans
ſon âme.

N'avés-vous plus rien, qui vous faſſe de la peine? non, mon Père, là examinés-vous un peu, voiés dans les replis de votre conſcience, ne célés rien au Seigneur, il voit dans les cœurs, il ſonde les reins : non, mon Père, je n'ai plus rien qui m'inquiète. Je ſuis perſuadé, ma chere Sœur, que vous n'avés plus rien à dire ; mais votre amant eſt peut-être plus coupable que vous ? ils ſont ſi terribles ces amans ! dites moi, dans le tems qu'il baiſait votre ſein, ne vous aurait-il pas pris la main ? & la portant avec violence ſur lui, ne vous aurait il point contraint de..... non, mon Père, je ne ſuis point une fille capable de ..... je ne dis point, ma chère, que ce ſoit vous, Dieu m'en garde ! mais votre amoureux.... ces gens-là ſont de ſi grands pe cheurs ..... croiés moi, ne l'excuſés point, vous vous rendriés, devant Dieu, coupable de ſon crîme là avoués franchement, ne vous a t'il pas pris la main malgré vous &

ne l'a t'il pas portée..... mon Dieu !
mon Père.... cela me fait de la
peine ..... cela pefait dans mon
cœur...... je fuis honteufe
oui ..... mon Père ..... ces attouchemens vous faifaient - ils plaifir ?
Dans le commencement , je ne voulais pas , je cachais les yeux avec les
mains : mais n'ouvriés-vous pas auffi
quelquefois les doigts pour voir au
travers ? hélas , oui ! on eft curieufe ;
on penfe fi fouvent à cela , on ne fe
marie que pour ça. Nous avancions
chemin , je voyais le rivage.

Cette fille , troublée & confufe , ne
parlait plus ; je la ranimai encore en
lui difant , ma chère Sœur , le Seigneur eft bon , il pardonne à la faibleffe des hommes , l'argile eft faite
pour s'ébrècher quelquefois , montrés
votre cœur à nud , s'il eft noirci de
crimes , Dieu le rendra blanc comme
la neige , il aime à pardonner feptan-
te fept fois , fept fois & davantage à
ceux , qui font l'aveu fincère de leurs
fautes. Votre Amant , dans ces mo-

mens paffionnés, ne voulait-il point paffer la main fous vos juppes pour vous prendre plus extraordinairement votre gorge? car il y a des libertins, qui ont des fantaifies & de l'imagination ..... le rouge montait au vifage de cette fille & l'inftant d'après reprenant courage, elle me dit d'un ton ferme · mon Révérend Père, pour qui me prenés-vous ? je fuis incapable de fouffrir de pareilles libertés. Ah, ma chère fœur! je fuis perfuadé que vous êtes très fage; mais fi la crainte, ou la honte vous empêchaient de déclarer la vérité, vous feriés un facrilège; cette confeffion, qui doit vous reconcilier avec la grace, fera le fceau de votre reprobation, tremblés! l'Enfer eft ouvert fous vos pieds, fi vous célés le moindre crime.

Cette fille intimidée pleurait, non point de la douleur de fes fautes, mais de dépit, de honte d'avouer fes faibleffes; enfin elle me dit : dois je déclarer une chofe, qui coute tant a mon cœur ? eh bien, oui . . . . j'ai fait. . . . je l'encourageais, elle fuait à groffes gouttes. C'eft un travail pénible pour les filles que la confeffion.

Ces préludes annonçaient un dénouement, c'eft ce qu'il fallait arracher. Je continuai l'interrogatoire : dans les libertés, que votre amant prenaient, ne vous feriés-vous pas unis. . . . . trop approchés. . . . . confondus . . . . enfin charnellement. comment, mon Père, me dit-elle en colère, fuis-je capable de faire un enfant, me déshonorer, je fuis d'une famille trop refpectable, je vous prie de ne point avoir ces mauvaifes idées. Mais, ma chère Sœur, ne vous fachés pas, je fuis, comme je vous l'ai déjà dit, très convaincu de votre fageffe, de l'éducation & des bons exemples que vos parens vous ont donnés, je penfe que ces avantages vous auront garanti de cette extrêmité ; ce n'eft pas à vous que j'en veux, non affurément vous êtes trop fage ; c'eft à ces vilains hommes , je les connais mieux que vous ; ils font fi affreux , fi déteftables , ils refpectent fi peu la fageffe d'une fille , l'honneur d'une famille , hélas ! pour peu qu'on leur accorde la moindre faveur , ils vont fi loin , ils font fi téméraires ! Eh bien , mon Pere , je n'ai rien à me reprocher.

Voyant cette fille obftinée à me cacher fon crîme , j'élevai la voix , je lui dis d'un ton effrayant : le feigneur eft bon , il ne permettra pas que la démarche que vous faites aujourd'hui foit ftérile : je vous conjure par le fang précieux qu'il a verfé , par cette croix , où il eft mort , de me dire la vérité , ou je vous avertis de fa part que vous ferés damnée , que la mort vous furprendra dans le péché , pour être à jamais la malheureufe victime de fes vengeances éternelles.

Ces mots , prononcés avec force , l'ébranlèrent : ah ! mon Père , s'écria t'elle , que je fuis une grande péche-

reffe ! j'ai fait avec mon amant ......
je n'ai ..... combien de fois à peu
près ? depuis dix huit mois, chaque
fois que nous fommes feuls. Je lui
demandai fi elle n'avait plus rien,
qui inquiétait fa confcience ; le ton
correct avec lequel elle repondait
qu'elle n'avait plus rien, qui bleffait fon
âme, m'affurait de fa fincérité. Voilà l'embarras, que nous avons avec
les filles, il faut leur arracher ce
qu'elles ont dans l'âme avec des cro-
chets : lorfqu'elles font femmes & fa-
miliarifées avec leur état, elles fe dé-
clarent un peu plus fincèrement,
mais toujours avec ces détours fi naturels au fexe.

Un paifan s'addreffa un jour à moi
pour fe confeffer ; au début il me
dit : mon Père, je n'ai rien fait : je
lui demandai pourquoi il venait à
confeffe, s'il n'avoit rien fait ? mon
Révérend, c'eft notre ménagère qui
m'a dit qu'il falliont aller à confeffe.
Ne favés-vous pas, mon ami, quant
vous avés befoin de vous reconcilier

avec Dieu ? je ne nous mêlons pas de ça ; c'eſt une affaire de ménage, note femme avions ſoin de nous avertir à *Paques* ; elle nous diſions tout juſtement le jour qu'il falliont y aller ; j'ayons, ſauf votre reſpect, nos bêtes à ſoigner, nos terres à labourer, je ne penſions pas quand les *Pâques* arrivions, je ne ſavons bien lire dans les armonats. Je demandai à cet homme s'il ſavait ſon *Pater* en latin & en françois ? je ne ſavons ni l'un ni l'autre, je n'avons pas étudié dans les livres, ni dans le latin. Comment, mon ami, vous ne ſavés pas votre *Pater* ? ſi je le ſavons : mais je ne le ſavons pas en latin. Il recita cependant ſon *Pater* en Latin & en Français & ne ſavait dans quelle langue il le diſait.

Pour connaître ſi le païſan entendait le ſens de la prière, je lui dis de m'expliquer ſon *notre Père* ; il le fit avec autant de bon ſens que *M. Nicole. Notre Père*, me dit-il, c'eſt le bon Dieu, les hommes ſont ſes en-

fans , c'eft pourquoi je l'appelons notre Père ; *Dans les cieux* , cela veut
dire qu'il eft là haut & le maître
chez lui. *Votre nom foit fanctifié* ,
ceci eft drôle & voici comme je comprenons ça ; par exemple je ne pouvons pas fanctifier le bon Dieu , mais
cela vouliont dire que je devions l'aimer ; les *Turcs* deviont auffi l'aimer ,
le Roi de *Pruffe* , qui nous failiont la
guerre , deviont auffi l'aimer. *Que*
votre régne nous arrive : fon régne eft
le règne des hommes vrais , les man-
teux ne font point de fon royaume;
c'eft - à - dire que je demandons le
royaume de la vérité , parceque c'é-
tiont le royaume du bon Dieu. *Que*
votre volonté foit faite; j'entendons ça
comme le bon Dieu l'entendont , il
pouviont femer , planter comme il
voulont , à nous de tout voir & ne
rian dire; allons toujours notre train
comme les charettes , le bon Dieu ,
malgré nous , iront toujours à fa mode ; j'aurions biau nous marteler la
carvelle , je ne ferions pas changer

d'un fetu la volonté de Dieu ; laiffons couler l'iau & faifons comme les
bœufs, qui fe laiffont tuèr par le
boucher. *Donnés-nous aujourd'hui no-*
tre pain quotidien ; je ne fommes pas
entreux nous trop contans du pain
quotidien, j'ons beaucoup de mal, il
nous coutiont bian des fueurs pour
en attraper un petit ; note curé, qui
ne chantiont qu'une meffe le Diman-
che, ne faifiont rian de fes deux bras,
aviont un pain quotidien meilleur que
le nôte. Le bon Dieu feriont-il
comme les Boulangers, qui faifiont
du pain blanc, du pain noir ? je croi-
rions ça volontiers quand je voyons
du pain plus blanc que le note. Cependant quand je raifonnons dans
note entendement, je comprenons
que le bon Dieu a fait la terre &
qu'il aviont dit ; *attrape qui peut*,
voilà pourquoi le pain quotidien n'é-
tions pas bian arrangé. *Pardonnés-*
nous nos offenfes comme nous pardon-
nons &c. J'aimions ça, Dame voilà
qui étiont bian imaginé ! ça vouliont
dire

dire de fuite, que je devions pardonner aux autres, autrement le bon Dieu ne nous pardonneriont pas, itou à nous-mêmes, & voir il auriont raifon, ça eft nette comme une parle. *Ne nous induifés point en tentation* ; j'ons fur ce mot bian des chofes qui nous tracaffiont ; comme je croyons le bon Dieu bon, je ne croyons pas qui nous induifiont en tentation, je penlions que c'eft une faute que le *Pape* aviont mis dans le *Pater.* Mon ami, ce n'eft pas le *Pape*, qui a fait le *Pater*, cette prière eft de l'*Ecriture Sainte.* Qu'eft-ce, mon Révérend Père, que l'*Ecriture Sainte* ? c'eft la parole de Dieu : je nous en doutions, j'ons fait demander par notre femme L'*Écriture Sainte* au Curé, il lui aviont dit : *Margot*, l'*Ecriture - Sainte* te gâteriont l'efprit : je fommes furpris pourquoi le bon Dieu aviont fait quelque chofe qui nous gationt l'efprit. Ce n'eft pas cela, mon bon hom-

V

homme , c'eſt qu'il y a trois ou quatre ſens dans l'*Ecriture.* (*)..... Eſt-ce qu'il falliont quatre cent pour nous faire entendre les choſes ? c'é- tiont plûtôt pour les brouiller , com- me les Procureux , qui entendiont une choſe comme ça & la même choſe comme ça : allés , mon Père , le bon Dieu parliont mieux que les hommes , je ſommes ſûr que je l'entendrions , je ne chercherions point de fineſſe dans *l'Ecriture*, com- me en cherchiont les Docteux , qui vétilliont ſur des rians . . . . . je nous méfions un petit peu de ce que

(1) Dieu ne s'eſt point ſervi de deux termes , ni de deux ſens pour ſignifier une même choſe ; s'il a parlé aux hommes , la vérité a du ſortir de ſa bouche avec la même ſimplicité , dit un *Anglais* , qu'elle avait été conçue dans ſon eſprit ; pour- quoi donc chercher des ſens miſtiques , al- legoriques &c. ? Si l'on ne peut expliquer l'*Écriture* que par des tournures , des ſens différens , elle n'eſt plus la parole de Dieu. la vérité aurait elle , comme l'*Alcoran* , beſoin d'interprètes ?

le Pasteux n'aviont pas voulu donner l'*Ecriture* à *Margot*, c'est très
mal, si ça veniont du bon Diéu, de
nous le cacher ; c'est apparamment
qu'on n'étiont pas sûr que ça veniont
de lui ?

Après un moment de réflexion, le
païsan me dit : mais à propos, note
Révérend, de queux couleur ça
étiont l'*Ecriture Sainte* ? ça étiont il
clair comme le soleil & blanc comme
lui ? non l'*Ecriture Sainte* est un livre, qui contient la parole de Dieu,
un livre que Dieu a fait pour.....
comment le bon Dieu faisiont aussi
des livres comme les ignorans, qui
en ont besoin pour devenir plus
habiles ? le bon Dieu n'auriont-il pas
mieux fait de faire que sa volonté alliont dans note Cœur, comme note
Moulin qui tourniont, quand le meunier aviont de l'iau ? excusé, mon
Révérend, si je n'avions point assés d'esprit pour nous faire entendre, mais je ne nous comprénons pas
moins.

V 2

J'examinai la conſcience de cet homme ; ne vous êtes-vous point énivré, lui dis-je, en allant au marché ? j'avons trop de marmots pour aller au Cabarèt ; quand je buvons chopine, je trinquons avec la ménagère. N'avés-vous pas bâtu votre femme ? je n'avons garde, je ne ſommes pas mariés pour nous battre, je nous ſommes unis enſemble, parceque nous nous aimions & quand on s'aimiont bian en s'uniſſant, on ne ſe battiont jamais. N'avés-vous pas déſiré la femme de votre voiſin ? j'en avons aſſez, grace à Dieu, de la note & aſſès de béſogne pour la bien chommer ; je ne la troquerions pas contre la reine, quoiqu'on diſiont que s'étiont une Sainte Dame. N'avés vous rien dérôbé dans le champ de votre voiſin ? je ſommes plus long-tems couchés que lévés ; je ne ſommes pas farmiers généraux ; ſi nous ne voulions pas qu'on prennont note bian, il ne falliont pas prendre celui d'autrui ; je trouvions cette prati-

que-là plus gentie que le *Pater*. N'a
vés vous pas juré, je jurons quelquefois contre nos bœufs pour les faire
marcher; que dites - vous ? oh ces
mordis chiens de B...... n'avancions
pas ! croyés vous que vous faites mal
en jurant contre vos bœufs ? je n'en
savons rian; mais Dame, je jurons
toujours, fi vous étiés à note place,
vous jureriés itou. Allés-vous à la
messe ? ne vous ennuiés vous pas à
l'office ? j'y allons les Dimanches &
fêtes, je n'avons point le tems de
nous ennuïer, note Pasteux est un
homme entendu; il dépêchiont une
grand messe plus vite qu'un déjeuné;
quelquefois il couront fi vite, que je
n'avons pas le tems d'achever note
chapelet; je le mettons malgré ça
toujours en pôche comme il est.
Après cet examen, ne voyant rien de
coupable dans cet homme, je lui donnai l'absolution.

Tous les païsans ne sont pas aussi
fimples que celui-là ; on trouve chès
eux les crimes du beau monde & des
fages *Déistes* à leur façon. J'allai en

Bourgogne chès un homme de quatre
vingt dix ans, d'un efprit jufte &
d'un bon fens admirable. Le curé
le regardait comme le plus honnête
homme de fa paroiffe ; il était au lit
de la mort, je l'exhortai à ce terrible paffage & le *Crucifix* en main, je
lui dis, voici, mon cher frère, le-fa-
lut des hommes, la victîme que les
Juifs ont fait crucifier par les *Ro-*
mains : ce n'a point été moi, répondit ce vieillard, je n'en fommes pas
la caufe. C'eft votre Père *Adam*,
dont la défobéiffance a fait defcendre
Jefus fur la terre ; ah ma foi, je n'é-
tions pas du tems du *P. Adam*. Cependant, mon ami, les *Juifs* ont
fait mourir votre fauveur. Les *Juifs*,
mon Révérend, aviont tort, j'en fommes faché pour lui ; je ne fommes pas
Juif, je fommes *Bourguegnon* & ne
fommes la caufe de rian.

Envain je tachai de perfuader à cet
incrédule les grandes vérités de notre
religion, le païfan me répondait éternellement, qu'il n'avait point été du
tems d'*Adam*, que fi *Jefus* avait été

crucifié , il était innocent des crimes ,
dont je l'accusais. Ne croyés - vous
pas , mon ami , à ce que votre Curé
vous a prêché ? un petit ; note Paſ-
teux eſt un honnête homme , il nous
diliont tant de choſes que je ne pou-
vions les comprendre. & ſi je ne les
comprenons pas , comment pouvons-
nous les croire ? Quand le Curé nous
diliont : mes Enfans , il fallont vous
aimer les uns & les autres , ne point
dérober vote voiſin , ni prendre ſa
ménagère , Dame ! j'entendions cela
& je voyons de ſuite , ſans tant étu-
dier , que c'eſt le bon Dieu qui le
vouliont , allés , mon Père , j'ons
aimé Dieu , je n'ons fait tort à perſonne & partant je mourons tranquillement.

Voyant la fermeté de ce païſan , je
crus qu'il était néceſſaire de le tour-
menter. La religion m'obligeait à ne
point le laiſſer mourir dans ſon incrédulité ; j'employai tous les moyens ;
j'allumai d'abord , dans la ruelle de
ſon lit , les feux dévorans de l'Enfer ; un moment après pour lui ren-

V. 4

dre la confiance, je lui peignais le
ciel de son lit rempli d'*Anges-gardiens*,
qui lui apportaient des guirlandes de
romarin ; subitement c'était notre *P.*
Ignace, qui arrivait aux pieds du
lit dans un carosse à six chevaux,
pour le conduire vers *la plus grande*
gloire de Dieu.

Le paysan écoutait mes sermons a-
vec l'indifférence d'un habile machi-
niste ; qui voit passer les petites figures de la lanterne magique ; son âme
grande & élevée, ne voyait point
Dieu dans ces petites choses ; pénétré
des sages bontés de la Providence,
il ne s'effrayait point de sa destruc-
tion ; au moment de rendre l'âme,
il me dit : mon Père, approchés, que
je vous regarde. J'avançai pour lui
donner la consolation de ma face &
faisir le moment critique de la grâce.
Le paysan me regarda un instant &
me dit : mon Révérend, les sots ne
font point faits à l'image de Dieu ; il
leva la tête & fit la grimace au plan-
cher.

Cette mort douce & tranquille m'étonna. Je comptais voir fur le front de cet homme les pâles couleurs de l'incrédulité, les convullions effroyables des pécheurs. Sa mort était le faint trépas des Héros de nos Légendes. Pour confoler fa famille, affermir, dans le Cœur de fes Parens, la crainte de Dieu, je fis un difcours fulminant fur la mort des impies, où je déplorai les fuccès de la raifon qui font aujourd'hui tant de ravages en *France* ; je fis trembler les enfans, qui étaient des fots & je terminai mon inftruction par des raifonnemens de facriftie, qui les confolèrent de cette mort affreufe.

La Renommée, habillée en *Arlequin*, tenant d'une main un chapelet & de l'autre la trompette peu honnéte du temple de la Sottife, publiait ma gloire dans toutes nos Provinces. Je courrois les champs, où la raifon n'a pas encore éteint le flambeau de la foi ; mes miffions eclatèrent dans le monde comme les parades des *Boulevards* ; mes converfions étaient foumifes, comme le théâtre *Français*, à l'unité du lieu & à la règle des vingt quatre heures ; les *Crucifix*, femés comme la paille, m'attirèrent l'admiration des fimples & des fots ; les fages trouvaient de l'indécence d'étaler fur les grands chemins des croix, où la figure de *Jefus* était attachée ; Les *Chrétiens*, un fiècle après *Conftantin* commencèrent à mettre des croix à l'entrée des villes & des Bourgades ; ces croix, appellées *croix de St. Benoit* (1) étaient petites & fans représentation. Les fidéles des premiers fiècles laiffoient par refpect le *Chrift* fur leurs autels, ou dans les Eglifes, parce qu'on ne met fur les grands chemins, felon l'ufage de tous les tems, que les rouès & les pendus.

Mes *Calvaires* ont été placés à l'entrée des villes & des villages, ils fervent le foir de rendés-vous aux filles. C'eft le concours des amoureux & de leurs maîtreffes, qui les a achalandés Certains Magiftrats benêts ont planté

---

(1) Les Croix anciennes avaient la figure de l'as de Treffle.

des avenues d'arbres jufqu'à mes *Calvaires*, dreffé des bancs à l'entour,
où fous l'image d'un Dieu crucifié il
fe commet mille indécences. Il eft
étonnant que cette manie ait pris
dans un fiècle éclairé & qu'il fe foit
trouvé des hommes affès bêtes pour
feconder mes vertiges. La mode des
Calvaires a, pour époque celle des
Pantins; nous fommes venus enfemble, ce qui en prouve la fottife & le
ridicule.

Je n'avais pas encore parcouru le
Diocèfe de *Langers*, que je fongeai à
faire la conquête de *Monfeigneur de
Montmorin* : je favais que ce Prélat
aimait notre fociété; j'allai le trouver à *Muffi-l'Evêque*; je l'abordai avec
le col tors & l'humble extérieur, dont
l'on nous donne des leçons dans le
noviciat. Le Prélat, plein d'entrailles pour nous, me reçut agréablement. Je viens, Monfeigneur, lui
dis-je, propofer à *votre grandeur* un
objet édifiant pour la religion, j'inte-
reffe votre puiffante protection pour

faire enchaſſer *St. Joſeph.* dans les litanies de *Lorette*; il eſt ſcandaleux que les Evéques, vos Prédéceſſeurs & les fondateurs de ces extrêmement ſavantes Litanies, n'y aient nullément parlé de *St. Joſeph.*

Ce Prélat fameux par les ſoins vraiment paſtorals, qu'il ſe donne & par ſon attention à ſe mêler des petites tracaſſeries des Nones de ſon Diocéſe (1), fut enchanté de ce grand deſſein : Il comprit la force, que *St. Joſeph* allait donner à la religion & les converſions qu'il opérerait auſſi-tôt que les Philoſophes le verraient niché dans les Litanies de la vierge. *Sa Grandeur* m'aſſura qu'*Elle* allait s'occuper utilement de *St. Joſeph.* Comme la gloire de mes *Calvaires* m'intéreſſait davantage que l'Epoux de *Marie*, je propoſai la miſſion ; *Monſeigneur* eut la bonté de parcourir avec moi les villages de ſon Diocèſe ;

_____

(1) Il écrit chaque ordinaire aux ſœurs Tourrières de ſon Diocèſe.

nous étions si unis, que nous cou-
chions enfemble.

Dans la miffion, que nous fîmes à
Gié, gros Bourg entre *Chatillon* &
Bar fur Seine, il m'arriva une avanture affès originale. J'étais couché
avec *Mr. de Montmorin*, je m'éveillai
de bonne heure & crainte d'inter-
rompre le fommeil du Prélat, je me
levai doucement fans chandelle, malheureufement je pris en m'habillant
la culotte de *Monfeigneur* pour la
mienne. J'allai à la Paroiffe, où les
pauvres, qui m'attendaient felon leur
coutume, me demandèrent l'aumô-
ne ; je leur dis que je n'avais pas le
fol, un plus preffant que les autres
s'obtina & me dit : mon Révérend
Père, regardés un peu dans la poche,
ne me refufés pas, je fuis dans un
befoin urgent. Pour me defaire plutôt de fes importunités, je fouillai
dans la poche ; quelle fut ma furprife
lorfque je trouvai foixante & quelques livres ; je les diftribuai fur le
champ & croyant que cette trouvail-

le était un miracle, je prêchai trois
heures fur cette faveur célefte.

A neuf heures je fortis de l'Eglife
pour prendre un bouillon & faluër *fa
Grandeur* : en entrant un Domeftique
me dit : mon Père *Monfeigneur* eft
encore au lit, vous avés pris fa culotte pour la vôtre. Je fus pétrifié
de cette nouvelle, je reconnus la nature du miracle. Comme l'avanture
ne pouvait être cachée, l'après midi
je fis un fermon à-peu près en ces
termes, qui fit rire l'auditoire ·

,, J'ai prêché ce matin ; mes très
,, chers frères, un prodige que Dieu
,, femblait avoir opéré en faveur de
,, ma fenfibilité pour les pauvres,
,, n'attribués ce miracle, qu'à la cu-
,, lotte de *Monfeigneur* Votre illuf-
,, tre Evêque couche avec moi, il a-
,, vait mis, par tendreffe pour notre
,, fociété, fa culotte contre la mien-
,, ne ; dans la crainte d'éveiller *Sa*
,, *Grandeur*, toujours occupée de
,, votre falut & de la gloire de notre
,, Compagnie, je me fuis habillé fans

„ lumière & dans l'obfcurité, j'ai
„ pris les culottes de *Monfeigneur*
„ pour les miennes.

„ Ces culottes fantifiées par la
„ charité, benies par le *Pontificat*
„ *Romain* & órnées d'un gouffèt,
„ toujours pourvu d'aumônes pour
„ les pauvres ; ont été d'un grand
„ fecours aux néceffiteux, qui fe
„ font préfentés ce matin à mes
„ yeux ; rendés graces à jamais à vo-
„ tre Evêque & vous pauvres, que
„ cette culotte a affiftés, béniffés à
„ toujours les harnas refpectables de
„ *Monfeigneur* ; fes haut de chauffes
„ ont été pour vous comme la rofée
„ du Ciel fur la terre fèche ; la Pro-
„ vidence, touchée de vos befoins,
„ a mis elle-même une main fur cette
„ culotte, *Beati qui efuriunt & fitiènt*,
„ les culottes de *Monfeigneur* les raf-
„ faffiront (*) „.

_____

(1) Qu'on ne faffe pas de mauvaifes
plaifanteries fur cette culotte, je ne pré-
tens pas fouiller la vertu de Mr. *De Lan-*

Ce fut dans ce Bourg que nous jettâmes les premiers fondemens de la confrérie du Chapelet. Les filles, qui voulaient être de cette confrérie, promettaient aux genoux du Prélat de ne plus danser de la vie. Quelques mois après le violon fit malheureusement danser toutes les Consœurs & la confrérie tomba, comme les murs du village de Jéricho, au son des instrumens.

Le Diocèse de *Langers*, rempli de *Calvaires*; le Château de *Mussi* meublé d'une boutique de sculpteurs & de peintres pour bâtir & barbouiller nos *Calvaires*, je partis pour la *Bretagne*, où le jeu & la variété de mes missions m'attirèrent l'admiration du peuple. Je passai à l'Isle de *Boin* à l'extrêmité du *bas-Poitou*, où un Curé visionnaire me seconda admirablement.

Pour bigarer cette mission, nous fi-

---

gres, je plaisante seulement le ridicule qu'il s'est donné par son aveugle-attachement pour les *Jésuites*.

mes couler des petits *enfans Jésus*
de cire : nous les donnions aux filles
les plus dévôtes & en leur faisant ce
cadeau, nous leur disions : voici l'enfant *Jésus*, que nous vous confions
pour le nourrir ; c'est du lait de votre amour qu'il veut être sustenté,
cachés ce dépot sacré aux yeux des
profanes.

La prudence humaine est souvent
trompée. Un garçon boulanger faisait l'amour à une fille, à qui nous
avions donné en nourrice un de nos
enfans Jésus. Depuis cette acquisi-
tion, la fille paraissait refroidie, son
amant voulait savoir le sujet de cette
indifférence : il redoubla ses soins ; la
fille pressée par sa tendresse lui dit :
Jacques, je vous aime encore, mais
l'*enfant Jésus* m'empêche de répondre à votre ardeur. *Jacques*, qui ne
savait pas le mistère de l'*enfant Jésus*,
lui répondit : est-ce que l'*enfant Jésus* a quelque chose de commun a-
vec notre amour ? te défend t'il, *Janeton*, de m'aimer ? helas ! dit la fille, le *P. Duplessis* m'a donné *l'enfant*

Jéſus pour le nourrir ; elle expliqua les obligations qu'elle avait contractées en recevant ce préſent. *Jacques*, qui connaiſſait la ſimplicité de ſa maîtreſſe, lui dit d'un ton plaiſant : tu es bête. *Janeton*, le *P. Dupleſſis* ſe mocque de toi ; il t'a donné ſon *enfant Jéſus* ; à cauſe que tu as plus de gorge que tes compagnes ; tu te laiſſes leurer par des moines? les *Jéſuites* ſont des drôles, ils tromperaient le Diable. Cette malheureuſe fille crût ſon amant & remit dans ſes mains profânes le *Saint Enfant Jeſus*. Le garçon Boulanger alla de porte en porte montrer ce marmouſet de cire, en diſant au peuple : les Miſſionaires jouent à la poupée avec les filles.

Le Curé fut irrité de cette avanture ; nous crûmes l'*enfant Jeſus* déshonoré à jamais ; nous allâmes le ſoir en ſurplis & en étole le reprendre chés le Boulanger, à qui nous fimes une exhortation. Le malheureux eut l'audace de nous dire que nous étions des foux, des fanatiques & des Prêtrès bien méchans de venir chés lui avec cette pompe eccléfiaftique. Comment, morbleu ! vous eft-'il permis de me perdre dans l'efprit des parens de ma maîtreffe, de me faire un tort irréparable ? j'étois à la veille d'un établiffement honnête & votre zèle aveugle perd ma fortune.

Cette hiftoire fit du bruit. Après mon départ le Curé continua l'ufage de fes *enfans Jefus*. Mr. *de la Muf-fencher*, Evêquê de *Nantes*, inftruit par les Magiftrats de *Boin* de nos marmoufets de cire & de l'accident arrivé à quatorze filles, à qui nous avions fait tourner la tête, donna des bornes au zèle indifcret du Curé & lui ordonna furtout de faire de la bougie avec fes *Enfans Jefus*.

Je vins à Paris me délaffer de mes courfes apoftoliques. Je prêchai un jour à *St. Morceau* ; ma femme, que je croyais morte, était au fermon, elle m'examina longtems & me reconnut. Le même foir elle vint me trouver au Couvent : quelle fut ma furprife, lorfque je vis *Pacifique !* mon devoir était de fauter à fon col ; la religion m'avait durci le cœur, je crus qu'il était plus chrétien de lui parler avec indifférence. Je priai Madame *Dupleſſis* de fe trouver le lendemain chés une Dame de mes dévôtes.

Je communiquai à nos Pères cette avanture ; elle leur parut de conſequence ; ils décidèrent qu'il fallait acheter le fecrêt de Madame *Dupleſ-ſis*. J'allai avec le *P. Recteur* au ren-dés vous. Ma femme dans l'intervalle avait confulté fon confeſſeur, il n'aimoit point les *Jèſuites* ! pour nous ridiculiſer, il a fait à *Pacifique* un cas de conſcience de notre féparation & l'obligea à fe rejoindre à fon mari.

Madame *Dupleſſis*, malgré fon grand âge, avait encore du tempéramment, c'eſt le dernier mourant des femmes. Monſieur, me dit-elle, notre engagement fubſiſte, les hommes ne peuvent rompre ce que Dieu a conjoint, ainſi Père Recteur, il me faut Monſieur *Dupleſſis*. Madame, dit le Recteur ; à votre âge devés-vous fonger à la bagatelle ? c'eſt une tentation du Diable ; pourquoi , répondit-elle vivement , mettés-vous le Diable dans le Sacrement de l'Egliſe ? mes feux ſont légitimes : mais , Madame , comme vous ne pouvés plus engendrer, ce ne peut être qu'un eſprit de libertinage , qui vous faſſe reclamer les douceurs d'un Epoux. Qu'appellés-vous s'il vous plait un libertinage ? le ſaint Sacrement de Mariage n'eſt il pas auſſi pour la bagatelle ? s'il n'y avait pas de divertiſſement , perſonne ne ſe marierait : enfin point tant de raiſons , je veux mon mari. Ma chere *Pacifique* , lui dis je , je ſuis trop vieux pour vous procurer les douceurs joyeuſes de ce Sacrement : bon , bon , je vous rajeunirai ; voilà vingt ans de célibat, le jeûne échauffe, à mon âge on peut le rompre , ma conſcience m'oblige à reclamer mes droits , à courir au reméde , enfin la chair me ſollicite.

Une vieille ſorcière de femme , qui a des droits de cette nature ſur un

mari, eft cent fois plus jaloufe qu'u-
ne jeune personne. Voyant donc
Pacifique obftinée à fe réunir avec
moi, craignant l'éclat de cette affaire, nous la priâmes de fe contenir
encore huit jours, de paffer à la maifon proffeffe qu'on fatisferait fes de-
firs. Nous confultâmes, nous péfâ-
mes cette réunion dans la balance de
la fociété. Nous fimes conftruire une
prifon dans un lieu écarté du Couvent & lorfque Madame *Dupleffis*
vint me voir, on l'enferma dans ce
cachot. Notre frère Apoticaire lui
donna quelques potions d'*Agnus Caf-
tus* qui la rafraichirent. Ennuiés de
la voir exifter, nous donnâmes la
Commiffion à notre frère *Terrible* de
lui adminiftrer quelqu'échantillon de
verd-de-gris. Nous crûmes qu'il était
permis de faire ce mal pour empêcher un grand fcandale. Cette conduite était une conféquence naturelle
de nos principes, un peu meurtriers
au prochain à la vérité, mais falutai-
res à la compagnie.

Pour diffiper l'aventure de *Pacifi-que* , j'allai paffer quelque tems à *Muffi l'Evêque* avec mon bon l ami. Je trouvai notre manufacture de *Cal-vaires* en bon train ; une nouvelle boutique de relieurs, oecupés à bro-cher l'*Hiftoire du peuple de Dieu* & celle *du peuple Chrétien* de notre cher confrère *Berruyer*. Monfeigneur *de Langres* avait fait à fes dépens une édition de trois mille exemplaires de cet ouvrage , pour en faire des pré-fens aux nônes de fon Diocèfe · il trouvait ces livres plus édifians que l'*Ecriture Sainte*. Voyant le Prélat fi bien difpofé , je parlai de faire imprimer une belle édition de *Bu-fembaûm* ; commenté par le *P. de la Croix*. Monfeigneur , d'une maifon illuftre & attachée à fes Souverains & lui-même aïmant tendrement le Roi, fe facha de ma propofition. Depuis ce moment je ne couchai plus avec lui.

- Mr. *de Langres* alla *aux Ormes* paffer quelque tems avec Mr. *d'Ar-*

genfon. Ce Miniftre exilé confer-
vait depuis cent ans dans fa famille
une lettre cachetée de *St. François
de Paul*, que le faint avait laiffé en
mourant, à cette maifon avec ordre
de l'ouvrir en 1759. Comme l'on
croyait que cette lettre mifterieu-
fe pouvait contenir des objets in-
téreffans pour la religion, ou l'E-
tat, on en avait inftruit le Roi.
Mr. *de Langres* la porta à *Sa Majefté*, qui la décacheta. On a gardé le filence fur ce qu'elle contenait.

Des perfonnes à conjectures ont
penfé que le Saint annonçait la chute ne notre fociété en *France*, qu'il
priait le Roi de laiffer à fon Parlement l'inftruction de nos affaires ;
que la décifion de ce corps refpectable touchant notre fociété ferait
la volonté du ciel. Cette lettre ,
difaient les autres, ne dit peut-être
rien ; les faints font un peu mifté-
rieux ; mais pourquoi tant de pré-
cautions , tant de céremonie pour

apprendre des riens ? l'on permet cela à *Caraccioli* (1).

. En quittant Mr. *de Langres*, j'allai en miſſion à *Boulogne ſur mer*. Pendant que j'expédiais les pénitens de cette ville, une Dévôte m'envoya chercher pour exorciſer ſes latrines, d'où depuis longtems on entendait les cris diſgracieux d'un Animal vorace. Les femmes du voiſinage & les beaux eſprits *picards* ne doutaient nullement que ce ne fût un Démon, qui aimait prodigieuſement la merde. Les Théologiens s'exerçaient avec leur acharnement ordinaire ſur ce ſujèt. Les Capucins, les Moines vivaient de ces latrines & en tiraient nombre de Meſſes & de Neuvaines.

Un Démon qui aimait la merde paraiſſait inconnu à l'*Ecriture Sainte* & donnait de l'embarras à Mr. l'Evêque de *Boulogne*. On conſulta l'Evangile, les vieux rituèls, pour ſavoir de quelle

---

(1). l'Hiſtoire de cette Lettre eſt exactement vraie.

nature était ce Démon. L'*Ecriture* affurait que les Démons en général aimaient les lieux fecs & arides, &
c'était la raifon pourquoi la *Thebaïde*
où vivait *Antoine*, était remplie de
Démons; parceque les Démons, autant que leur état le permet, ont un
intérêt conftant de prouver la vérité
des Saints Livres.

. Le Démon, bourgeois des Latrines
de *Boulogne*, paraiffant étranger &
tout à fait inconnu à l'*Ecriture*, il
donna de l'occupation aux Profef-
feurs du féminaire, qui prétendaient
que celui-ci fouffletait l'*Evangile*, parce que les Latrines font des endroits
commodes, puifqu'on les appelle par
tout *des Commodités*. Des Latrines n'é-
taient point des lieux arides & fecs,
la plûpart dégorgent d'abondance &
de fertilité.

, Après beaucoup de difcuffions, a-
près avoir confulté les Pères, les
Commentateurs facrés, on décida
comme de toutes les chofes qu'on
n'entend point, que c'était un Dé-

mon extraordinaire que Dieu avait
fufcité dans fa miféricorde pour avertir les *Boulonais* de fonger efficace-
ment à leur falut; que ce Démon
ayant été attaqué aux dents de la
rage de *St. Hubert*, la faim l'avait
obligé de quitter les Campagnes arides pour paturer dans un terrein gras.

On fabriqua un mandement, dans
lequel on excommunia tous ceux qui
ne croiraient pas aux Démons des Latrines. On prouva dans ce judicieux
ouvrage que les Démons étaient néceffaires au falut des hommes, qu'ils
fe faifoient un plaifir de les perdre, at-
tendu qu'ils avaient gagné quand ils
les avaient perdus. Le Légiflateur des
Chrétiens, ajoutait-on, eft mort pour
remporter la Victoire fur le Démon;
que malgré cet avantage il fallait
pour la gloire de Dieu que le Démon
ait le pouvoir de nous tenter; que
l'homme n'avait point affés de fa
propre faibleffe, qu'il lui fallait un
Diable, puifque *Jefus* avait été tenté
par un Diable dans le défert, & pour

foutenir le fiftême de la tentation, le ciel accordait un *Ange-Gardien* à chaque-homme pour contrebalancer la puiffance du Diable.

N'écoutés point, mes chers frères, difait le mandement, les Philofophes de nos jours, ils fe fervent utilement de leur raifon, comme le flambeau que Dieu leur a donné pour les conduire furement dans cette vie. La raifon eft bonne pour les fages & les Philofophes, mais on ne peut aller au Ciel avec elle, puifqu'il faut renoncer à fa raifon pour acquerir la gloire éternelle.

Hélas, mes Frères ! ces Philofophes impies vous diront : pourquoi Dieu nous a t'il donné l'embarras de combattre le Démon ? pourquoi nous expofe t'il à chaque pas à fes pieges ? Dieu n'avait qu'à détruire tout naturellement le Démon, plus de Démon, plus de tentation ; Dieu pouvait-il le détruire, ou ne le voulait-il pas ? ah, mes Frères ! ne croyés pas à la raifon, attachés-vous à la réligion ; elle eft venue après la raifon

& confequemment elle eſt préférable
à la raiſon, à cauſe de ces paroles
de l'Evangile, *& erunt noviſſimi primi.*

Croyés plutôt aux mandemens des
Evêques de *Bretagne*, qui ont rajeu-
ni depuis peu le culte des *Anges Gar-
diens.* Vous en avés vû la preuve,
dirent ces Prélats éclairés, dans l'horrible attentat de *Robert Damien*;
l'*Ange Gardien* du Roi a triomphé du
Diable de *Robert*; il aurait cependant mieux fait de détourner ce
monſtre de ſon deſſein exécrable;
la *France* aurait moins craint pour
les jours d'un Roi, ſi aimé de ſes
peuples.

Malgré les cenſures eccléſiaſti-
ques le Diable vivait dans les Latrines, comme un gros moine dans
l'Abbaye de *St. Germain.* Vingt
muids d'eau benite, lancés ſur ſa retraite, tous les exorciſmes des *Mi-
nimes de Boulogne*, les ſaintes prières
des *Capucins*, ne pouvaient le faire
ſortir de cet endroit : ma voix miraculeuſe ne fit guères plus d'impreſſion ſur lui.

Après avoir épuifé les tréfors féconds de l'Eglife, on s'avifa d'ouvrir la voûte des Latrines. Quelle fource de plaifanteries ! on y trouve un cochon. Il fait rire toute la ville & occafionne un procès, dont voici l'hiftoire.

Une fervante avait apporté du marché un cochon de lait, qui s'étant échappé de la cuifine, alla fe refugier dans les Latrines. Ces commodités touchaient à une Latrine d'une maifon abandonnée. L'Animal fe retira dans la vuide & allait faire fes orges dans celle qui était pleine. Le cochon avoit groffi dans cette terre d'abondance.

Dans le tems que le Démon des Latrines était encore cochon de lait & qu'il fut perdu, la Dame du logis l'avait retenu fur les gages de fa fervante. Cette dernière, voyant qu'il avait profité, prétendit qu'il était à elle, fa maîtreffe le lui difputa ; on entre en procès & le juge décida en faveur de la fer-

vante, qui vendit le cochon, vingt
écus (1).

***

Notre conduite coupable au *Para-guai*, les avis que *Benoit XIV*. avait
donnés aux Rois d'*Espagne* & de *Por-tugal* de l'autorité que nous avions
usurpée sur les peuples, le crime de
Leze-Majesté que nous avions commis au premier chef, en faisant tirer
sur les troupes de nos Souverains &
en interceptant leurs vivres ; l'assas-
sinat du Roi de *Portugal* ; l'horrible
fanatisme de notre Frère *Damien* ;
nos livres pernicieux & le procès du
P. la Valette que nous perdîmes si
malheureusement, parceque le Parlement ne voulut pas nous permettre d'être frippons. Ces malheurs
causèrent ma perte & celle d'un
ordre, qui a fait tant de mal

---

(1) Toute la Ville de Boulogne affirmera
cette avanture.

au genre humain. Je me suis re-
tiré chès une Dévòte, d'où j'admi-
re la main vengereſſe du Tout-puiſſant, qui nous recompenſe, comme
nous le méritons, du mal que nous
avons fait ſi impunément aux hommes.

F I N.

Lightning Source UK Ltd.
Milton Keynes UK
UKHW02f1002131117

312658UK00013B/672/P